徽州古村落文化研究丛书

HUI ZHOU JIAO YU WEN HUA YAN JIU

徽州教育文化研究

——以雄村为例

汪昭义　曹黎云　著

合肥工业大学出版社

目　录

徽州

第一章　雄村的自然和文化生态空间

村东水口园林，宛如一扇秀丽厚朴的画屏，透示出那茹古涵今、增幽益智的奕奕风采。“山环水抱，物外灵枢；柳暗花明，尘中幽构。”绿水映青波，石坝偎桃林。茵茵芳草，蝶舞花间，编织出一幅山重水复、细雨话梦中之梦境；绿树成荫，蜻蜓点水，遮掩着一座古老奥秘、夕阳看山外之山景。这个别致的小小村庄，就是“钟秀气于新安，挺奥踪于古歙”（清末翰林许承尧①语）的雄村。雄村地昌物隆，文气馨香，人气旺盛，是徽州渐江上的一颗灿烂明珠，也是国家历史文化名城歙县的一张亮丽的名片。

第一节　雄村地理位置及其历史人文底蕴

雄村在歙县的水南乡，距县城西南 8 公里，坐落在素有新安江山水画廊之美称的渐江下游西岸。渐江由西自屯溪经篁墩、王村、烟村、柘林、岑山而南下，绕过雄村东边而后缓向北去，再

① 许承尧（1874—1946），徽州府歙县人，近代方志家，诗人，书法家。二十一岁中光绪甲午科举人，光绪三十年（1904）中进士，入翰林。辛亥革命后，应皖督柏文蔚聘，任全省铁路督办等职，后随甘肃督军张广建入陇。1924 年辞官，后返歙，在家乡以著述终老，著有《歙县志》《歙故》。

经村北江东岸的义成古村下行抵达歙浦口，与北自歙城太平桥、渔梁坝有丰乐、富资、布射、扬之四河聚于城西奔流而来的练江在这里汇流，自这以下即称新安江。江水自浦口弯弯曲曲流经南源口、坑口，再过深渡、街口跨省达千岛湖后一直下钱塘江奔杭州湾出海。

雄村东滨渐江

雄村环村皆山，数峰扫黛，山色迷蒙；一水揉蓝，波光滃荡。蒸霞烂漫，人住画中；华雨氲氤，船过锦上。绿树繁花，紫千红万；山光显烁，丰郁秀丽。整个村庄坐北朝南，东临渐江，水面隔岸相望着的是篁篁翠竹一片的竹山，北靠南山。南山又称城阳山，峰曰翠微，在歙城渔梁镇练江对岸紫阳山之南侧约 7 里处。山虽不太高，但史志上颇有名气，此山飞翠送青，带郭烟村，秀若图绘。临近一座山峰间有蔺将军岩，民间俗因隋开皇九年（589）废歙置新安镇，蔺亮被任为镇守，大业之乱，屯兵浦口，保境安民。当地村民百姓祀之，奉蔺将军岩把守此间以压射西方之五鬼山，在练江出口处与东岸浦口相望的一座山，有石级从山腰小路垂伸到路口。这座山俗称将军山头。唐代高士许宣平①曾在城阳山南坞结庐隐居，常负薪入市，行歌道上曰：

负薪朝出卖，沽酒日西归。
借问家何处，穿云入翠微。

这翠微就是城阳山的主峰名。传说诗仙李白自夜郎赦归后，遨游山水，纵情诗酒，在洛阳同华传舍壁上看到许宣平所题的诗：

隐居三十载，筑室南山巅。
静夜玩明月，闲朝饮碧泉。
樵夫歌垄上，谷鸟戏岩前。
乐矣不知老，都忘甲子年。

不禁惊叹："此仙人诗也。"于是来歙寻访许宣平。公元744年，李白初到歙地寻访许仙（许宣平）的过程中，曾立在渔梁的一座小石桥上，瞭望当地人给他指点的翠微峰。后人为纪念这回事，便将那座小桥叫作"望仙桥"，桥至今还在。据说当时李白上城阳山曾在"浣纱埠"待渡，登船时见一位戴箬笠的老人，神采飘逸，便向他询问许宣平住处的路在何方。老人笑答道："门前一竿竹，便是许君家。"李白过渡抵岸，登上翠微峰找到许宣平的住处，只见柴门半掩，未见有人，大失所望，于是题诗留壁上：

我吟传舍诗，来访真人居。
烟岭迷高迹，云林隔太虚。
窥庭但萧索，倚柱空踌躇。
应化辽天鹤，归当千载余。

① 许宣平，唐代著名道士，新安歙县人，《唐诗纪事》《太平广记》等都有其传记。据《太平广记》记载，许宣平隐于歙县。不知其服饵，但见不食。颜若四十许人，轻健行疾奔马。

李白回到渡口方才领悟到“门前一竿竹”就是插在船头的那支船篙，船上答问的老人便是许宣平。诗人和仙人两下相见却不相识，留下憾事千古传。至今在浣纱埠边靠山处筑有一个小亭，亭名“问津”，又叫作李白“待渡亭”。许宣平见李白题壁诗后，自题一诗曰：“一池荷叶衣无尽，半亩松花拾有余。又被人来寻讨着，移庵不免更深居。”

雄村渡口下义成

前人吟咏城阳山的诗词很多，元代散曲家张可久（1270—1340）咏“新安八景”之《南山秋色》云：

华盖亭亭，向阳松桂荣。背立夜坛朝斗，直下看，老人星。

地灵，风物清，众峰环翠（微）瀛。千古仙山道气，谁高似，许宣平？

明朝汪道昆《登南山访许宣平故址》诗有句云：“二三小有池，深藻神鱼丽。”诗中所谓“神鱼”是一种有四足，体黑腹部有黄斑，形如壁虎的水生动物，学名叫作“蝾螈”，即今日所说

"娃娃鱼"。又《夏日登南山》有句云："行厨新火开丹灶，别院清斋茹素芝。"从中看出在"南山别院"进餐，吃了山中所产菌蕈之类野蔬。原来城阳山早在唐代时就有"礼斗坛""钵盂峰""仙姥峰""炼丹池"等遗迹。唐时山上建有"南山观"；宋建炎中改名"许仙宫"（许仙宣平宅）；明万历间，邑人大学士许国重加修葺，规模较前更宏伟，观左有祠，供祀许宣平，祠之门额"辟谷居"三字就是许国亲手题的。

雄村背靠南山这一古逸胜迹，面临渐江画廊，隔岸竹山翠绿青葱连绵一片，夹着一脉波光粼粼的江水，山环水抱，青山脉脉水悠悠，透着一股子灵气，这不正是一方清净毓秀的风水宝地，蕴涵着一种隐隐约约的山水画般意境吗？雄村称得上自然环境臻美、历史人文底蕴厚重，正像近世雄村里人曹元宇《题雄村图》诗所云：

练江蜒蜿村前绕，上接岑山下义城。
竹为饰山疏更密，云因护阁散还生。
祠旁照眼千桃好，斤外娱人八桂明。
八十年前儿戏地，一花一木总牵情。

得天独厚，拥有着神奇秀美的南山、竹山以及明媚俏丽的渐江，雄村这座小山村，处处都洋溢着千古灵气，村中老人们多说雄村形若凤凰，振翅欲飞。村落宗族文化淀积深厚，书院和牌坊等古代建筑文化内涵丰富，祠堂、民居、古坝、园林，颇具特色，令人目不暇接。游人至此，禁不住发出感慨：桃花坝上春风依旧笑遍渐江两岸，竹山书院秋桂仍然飘香南山脚下。

第二节　尚文重教的科举摇篮

枕南山，面渐水，聚山水之灵韵。雄村这块处于南山、竹山和浙江两山一水之中的风水宝地，虽是人口刚足2000，仅有五六百户人家的小山村，但在历史上却是一个颇具盛名的古文化村落。这里人文郁起，钟灵毓秀，重教兴文，蔚然成风。雄村之所以被誉为文化村，既因明、清两朝多达官与园林之胜，又因文风之盛、科举者多。

雄村在明代以前叫洪村。元末，曹姓迁入。据《曹氏文献资料》记载，曹关一（1365—1449），号永卿，明洪武十三年（1380）始迁居洪村。其娶该村之洪伯英次女洪氏（1365—1451）孺人，殁后合葬于浦口涤子里。

新安曹氏始祖全政，字文宣，汴梁（今河南开封）祥符县忠良乡人，生于唐元和十四年（819），咸通年间中武举，授河南都尉，升淄州刺史，黄巢起义时，升招讨使守江西。曹全政有二子，长子翊任福州牧，次子翔任陇州牧，随升左金吾大将军。曹翊在歙县篁墩，陷黄巢军埋伏阵亡，赠“岩将”，谥“忠武”，赐葬篁墩北山下吴良堨。翊无出，全政命曹翔之次子曹遇奉岩将祠祀事，令子孙居篁墩庐墓，其后裔几经徙居，遂衍为曹氏新安派。洪村曹永卿是曹遇作为新安曹氏一世祖之二十二世孙。

洪村曹氏后裔自曹永卿之三世孙曹观于明成化辛卯（1471）年乡试夺得了礼经魁首即经魁，乙未（1475）年会试考中进士算起，至曹日宣于崇祯乙亥（1635）考中进士为止，明朝曹氏已有“一门四进士，四世四经魁”［曹观之侄曹祥成化甲辰（1484）进士；观之子曹祯成化丙午（1486）经魁、进士；观侄曹祷弘治己卯（1489）举人，龙泉、寿昌、郯城知县；观侄孙曹深（曹祥第四子）正德丁卯（1507）经魁、戊辰（1508）会魁（进士中夺魁）；观曾孙曹楼隆庆丁卯（1567）经魁，辛未（1571）进士］的美誉，成了洪村名门望族。后据曹全碑字“枝分叶布，所在为雄”，就改名为雄村。此碑字句曾经在村里“崇报祠”入栅门南走穿过一门，步曲径到尽头的园门有石卷形额上书写着，可供见证。

雄村在清代更有“同科五进士”[乾隆庚辰（1760）科，曹文埴、曹孚、曹树棻、曹采、曹裕昌五人同科考上进士]、“一朝三学政”（乾隆时，曹文埴为江西、浙江学政，曹城为山东学政，曹振镛为江西学政）。仅乾隆一朝，村中曹氏子弟中进士者除上述5人外尚有：曹镛己丑（1745）进士，曹学诗戊辰（1748）进士，曹丙壬申（1752）进士，曹坦辛巳（1761）进士，曹秉仁乙酉（1765）进士，曹诚、曹墅、曹自□辛卯（1771）进士，曹振镛辛丑（1781）进士等多名进士。据粗略地自明至清计，雄村曹氏族人中举人的有52人，其中获乡魁的6人、会魁的1人、连捷成进士的29人。特别是曹文埴、曹振镛父子官至尚书，从乾隆二十五年（1760）到道光十五年（1835），历经三代皇帝，把持朝政达75年之久，清王朝几乎有三分之一的历史都在他们家的影响之下。所以有人称雄村是中国封建社会后期的一个缩影也就不足为怪了。

雄村的西口头子上，路北耸立着一座三间三楼、四柱冲天式的青石牌坊，高11米、宽8米，用灰凝石建造，雕刻简朴，色质厚重。在其三楼正中镶着一块刻有“覃恩”二字的双升龙板。二楼中央额匾上书“四世一品”斗大的字，苍劲有力。一楼中央碑刻有“皇清诰授”曹文埴一品官衔，“皇清诰赠”曹文埴的曾祖父曹士连、祖父曹国昌、父亲曹景宸、伯父曹景廷一品官衔，“皇清诰封”其曾祖母程氏、祖母朱氏、伯母张氏和黄氏、母亲朱氏“一品夫人”，“皇清诰赠”其妻子程氏、张氏“一品夫人”。这就是全国罕见的“四世一品”功名牌坊，成为雄村曹氏家族历史上登峰造极的丰碑。

曹文埴的祖辈是徽商。清朝初年，他的祖父曹国昌，字堇饴，寓居扬州，经商致富使其成为当地两淮八大盐商巨富之一。有对联云：“道德五千言乘牛出函谷，腰缠十万贯骑鹤下扬州。”这是当时徽商向外发展的真实写照。清康熙、乾隆时期，徽商在两淮盛极一时，他们的财力之丰，连乾隆皇帝也有“富哉商乎，朕不及也”的感叹。由于徽商长期经营盐业，基本上统揽了两淮的盐政，在两淮的八大总商中，仅歙商“恒占其四，各姓代兴”。据徽州歙县方志载在扬州的歙籍盐商，就有“江村之江，丰溪、澄塘之吴，潭渡之黄，岑山之程，稠墅、潜口之汪，傅溪之徐，郑村之郑，唐模之许，雄村之曹，上丰之宋，棠樾之鲍，蓝田之叶皆是也。彼时盐业集中淮阳，全国金融几可操纵，致富轻易，故多以此起家”（民国《歙县志》卷一·风俗）。可见盐商形成了徽商的庞大势力和雄厚资财。曹堇饴曾经奉命接驾康熙皇帝第二次南幸扬州，能得到皇帝的青睐，出尽了风头，无疑达到了一生荣光的巅峰。当时皇帝赏玩了曹家琳琅满目的奇珍异宝，流连了曹家堂皇闳丽的亭台楼阁，龙颜大悦，惊叹不已。但是在这次皇恩浩荡的盛典活动中，曹堇饴内心又深深地受到了刺激。因为曹堇饴毕竟是在程朱理学熏陶中长大，虽在扬州经商致富，但按照徽商传统观念，“贾为厚利，儒为名高”。虽然理论上讲经商与科考同样是立身扬名的大事，只有方式之别，没有贵贱之分。然而，他从皇帝景羡的目光及在场仕宦谈吐中，总感到商人身为四民之末难以入流，于是惆怅之气郁积在胸，耿耿于怀。在其弥留之际，他嘱咐两个儿子曹景廷（字干屏）和曹景宸（字映青），要他们“于溪干建文阁，修书院，点社祠，筑园庭，植花木”，致使后代子孙俱获仕途殊荣，光显门庭，荣耀乡里。

曹景廷、景景宸兄弟二人遵父所嘱，在家乡雄溪（即渐江在雄村竹山一段，也称竹溪）捐资建造竹山书院园林，广请名师硕彦前来课授曹氏弟子，以培养族人入仕。

曹家这种愿望在徽商中是极具代表性的。徽州人行商四海，富称宇内，但其内心有着强烈的“四民之业，惟士为上”的传统观念，经商只因事儒不效，是迫于家乡“地狭人稠，耕不足食”的自然条件而勉强操起的生计，自踏入商界那日起，总怀着一种挥之不去的自卑感，一旦业贾效好、获利骤富之后，读书入仕的欲望又会重来，搅得自己寝食不安，但在自己年岁已过不再可能的情况下，只得把入仕的梦想当作人生唯一的终极目标，固执地想方设法移植到子孙后代的心中。于是，教育立家，读书立业，乃徽商好儒的一大特色，也是徽商追求士大夫生活方式的一种突出表现。

曹景宸虽然不如他兄长曹景廷那样中过举人，但他是一个颇有心计的人。一方面，他像当时徽商中的佼佼者，有富而思退，归隐家乡，过闲适生活的想法；另一方面，他的心中秉承着徽商父辈们入仕未就的梦想，竟日日念叨着曹氏家族所创下“贾而好儒、亦儒亦贾、贾儒结合”的家训。他可以说是采用以退为进的战略转移，对自己三个儿子做了明确分工：留长子曹文境继承祖业，在扬州经营盐务；派次子曹文塾在家乡管理田产，巩固后方阵地；独让幼子曹文埴在他的呵护下，潜心读书，专攻仕途。果然功夫不负有心人，就在竹山书院竣工之后第二年，乾隆二十五年（1760）曹氏同科中进士者五人，其中曹文埴高居二甲之首，钦命传胪，名列殿试状元、榜眼、探花之后第四名，选庶吉士，授编修，迁翰林院侍读学士，后历任刑、兵、工、户部侍郎，兼顺天府尹，升至户部尚书，为《四库全书》总裁官之一。乾隆皇帝六次南巡，在扬州落脚时，曹文埴因父为扬州两淮八大盐商之一的缘故，承办差务，干事历练，不徇私情，颇有魄力，深得皇上的宠信。他一直在朝为官二十多年，成为乾隆皇帝最信任的人之一。后乾隆皇帝特诰赠他的父亲、伯父、曾祖父一品官衔，加上曹文埴本人实授一品官衔，世袭官威，历代显赫，即称“四世一品”。如果算上后来曹文埴的儿子曹振镛，雄村曹氏就是“五世一品”了。可是也有人不以为然，认为“四世一品”掺着水分，其中三个所谓“诰赠一品”都是托子孙的福追赠的虚衔。当时的曹堇饴经营盐业称富，跻身于扬州八大盐商之列，曾参与接驾康熙皇帝二幸扬州，为人恂恂有儒者之风，硕德为乡里所钦仰，后代无疑得益于他的教诲。他晚年尝曰：“古之善攒积者多而能长保者少，盖以子弟惯于锦衣玉食，骄奢成性，以致如此。

欲矫其弊，惟兴教一途，故吾思欲以此家财于溪干建文阁、创书院、修社祠、筑园庭、植花木，以培养所有族人，俾藉于讲诵诗书之业，渐渍于礼义亲逊之风，此长保富贵之良方，振兴曹氏之一法。今吾老矣，未及采为也。”临终之夕，复以此言，谆谆命其二子。二子遵父遗训，于孝满之后，即着手庀材鸠工，历时五年，至乾隆二十四年（1759）竣工告成。次年，其孙曹文埴高中京殿传胪，曹氏同科中进士五人。尽管徽商在逝后因好儒立家、教育立业而获得的只是皇帝所给的虚衔嘉奖，却实现了上交天子得宠的愿望，为自己子孙后代谋取政治特权，赚得更大的商业利润。曾经有人对雄村这一“五世一品”之村美称于后世影响之深一言以蔽之：读书入仕，蔚然成风。此风至今不衰，举凡人们一提起雄村就说是教育之乡，该村走出的人才，济济于世，文风鼎盛，名扬遐迩，有开风化，令古歙生辉。扩而大之，于歙城之紫阳书院，乃曹文埴退老之年所极力主倡修建的业绩。他手书的“古紫阳书院”匾额石牌坊至今屹立在问政山脚下的文宫泉畔，和书院修建碑文一起，可作为历史的见证。

雄村这一地狭人少的小山村能成为以文入仕、以文垂名的科举摇篮，故被人称作“山中天”，大名鼎鼎，真可谓是“徽州历史文化的大观园”。古徽州历史文化体系在中华民族文化历史上占有着重要的一席之地，有“东南邹鲁”“礼仪之邦”“文物之海”的美称，与众多像雄村这样的文化摇篮是分不开的。

第三节　桃花坝上诗情画意浓

作为清净秀美的风水宝地，雄村两峰扫黛，一水揉蓝。两支青葱连绵的山脉南山和竹山之间，一湾清丽明净的渐江水，似一道自天而降的银练；随江所筑的桃花坝上，新栽的桃树苗林虽然幼小，稀稀落落，但毕竟是还了古桃花坝的名分。历史上，竹山书院滨江而建时，为防洪水筑起石堤岸，坝长 150 米，均用 1 米长的麻石条砌成。石栏逶迤，形如雉堞，沿堤遍植桃花，备具五色，一树数枝色彩各异，甚至一枝数朵也颜色不同，交叉重叠，精彩纷呈。坝上原先的桃花品种有数十种之多，还夹以紫荆花树，到了春菲时节，繁花竞艳，灼灼桃林，连绵十里，烂若霞锦，紫千红万，掩映着高树蓝天，蔚为壮观，故有“十里红云”之佳誉。曹文埴对此曾有诗句云：“寄语木兰舟上客，往来休作武陵疑。”诗言非武陵，而意却以“桃花源”自况也。他的《石鼓砚斋诗钞》中说：“竹溪有桃数百株，花时烂漫如锦，春和景明，颇堪游眺……”

许承尧翰林在其《游雄村看桃花记》中更有精湛的描述：

环村为坝，满坝皆花；中无杂株，万桃一色。成都道士之观，不愧青城。香车宝马，十分春色之天；帽影鞭丝，一带云根之径。阖邑惟此称钜观焉！……一鞭踏雨，十里游春。好竹如茵，香送连山之笋；垂杨入画，絮飞满路之花。小住为佳，引人入胜。鸭头春水，绿浮南海之峰；螺髻仙峦，碧染丰隆之岭。冥造既适，幽情转深。渺芳草之如茵，行行且止；映青流之如带，得得而来。突兀一亭，巍然道左……斯则大堪之发轫，而胜地之初迎也。缘堤以行，野径几曲。游丝满路，飞花成林。奇景特开，大观在是。则见浓艳如滴，娇红欲醉。色灿裁锦，香浮染衣。嫩晴蒸一抹之霞，盈盈如笑；浓露浥连朝之雨，灼灼争妍。疑入仙源，省识春风之面；岂游蓬岛，意浮海客之槎……相与嗅新蕊，举远枝，而竟日留连，笑谈倾倒。酣嬉不厌，一天之红雨模糊；旖旎多情，万顷之绛云缭绕……

这篇文采飞扬的游记（骈文）作于清光绪二十三年（1897），鼎盛数百年的雄村曹氏家族已是“桃花流水春去也”，繁华已尽了。咸丰年间纷乱的战火把曹家父子尚书宰相府烧得个干干净净。但从该游记的叙述中，人们仍然可以感知当年的雄村确实是徽州数一数二的游春胜地。特别在庆典的日子里，这里曾经是游人如织，仕女如云，香客络绎，无比繁华热闹之处。

可惜20世纪40年代一场洪水冲毁了雄村堤坝，桃花林被洗劫无遗。近年来，乡政府复兴桃花坝景观，已栽上几千株桃树苗，江边水域就近筑起了标志性的水面流星式白色墩杆，像一条银项链环串在堤坝的外围，在阳光照耀下，显得荧光点点，光怪陆离。展望未来三春时节，桃花簇拥，红云复现，水面桃花，交相辉映，定将迎来更加秀美璀璨的桃源景色：桃花坝上的桃花依旧笑春风了！

第二章　从竹山书院看徽州古村落教育的文化情结

要想了解雄村曹氏家族的教育，最便捷的办法就是走进竹山书院。该书院于乾隆二十四年（1759）建成，系曹氏兄弟干屏、映青奉父亲堇饴的遗命为本族人建造的私人家族书院。它完全仿照古之学黉，俾藉于讲诵诗书之业，而渐渍于礼义亲逊之风。这是一座集学堂、园林于一身的、崇宏精美的建筑群体，坐西朝东，面临渐江，立于桃花坝上，远对隔江的竹山。

第一节　书院内山中天的文化寓意

竹山书院，南北的长比起东西的宽约两倍有余，占地面积约2000平方米。书院的房舍乃老式徽派建筑，不论是从选址、设计、造型，还是从结构、布局和装饰美化，都集中地反映了徽州的山地特征、风水意愿和地域美饰倾向，保持着融古雅、简洁和富丽于一体的独特的艺术风格。我国宋代以后私人所创办的书院，现在绝大多数已荡然无存，像竹山书院这样古貌犹存、房舍齐全的的确少见。近世族人曹家珍归故里有《雄村志行》七绝六首之一云："竹山书院惜尘村，东壁图书半剥空。金铎弦歌声已杳，石狮依旧啸秋风。"尽管今天境况萧然，毕竟它作为古代徽州建筑的代表作在中国古代建筑艺术园地中芳香犹存，在某种程度上也可以说是世界建筑文化遗产中靓丽的一部分。

来到竹山书院门前，就见大门台阶前两排方方正正的旗杆石

山中天廊壁石刻

墩，这是逢节佳日用来插旗子的。不难想象，当年那十六杆大旗竖立门旁，迎风猎猎，彩虹招展，竹山书院该是何等的显赫气派和风光旖旎！书院大门开在一字形围墙中央，一道高大砖饰牌坊式的门楼，三间三楼四柱造型。门楼二、三层的四方檐角各饰有一只鳌鱼以示防火避邪，更寓有莘莘学子独占鳌头的意思。门楣的额匾上有楷书“竹山书院”四个遒劲的斗大字，出自清代金石书法大家邓石如的手笔。邓石如，安徽怀宁县人，善书法篆刻，然奔走江湖，一生不得志。乾隆庚戌（1791）年来歙县，为状元金榜所赏识，被引荐给在雄村养老的曹文埴尚书，邓石如贽见之礼是刻章两枚和四体屏条四幅。曹文埴见之大加赞美，并出荐函数封向在朝廷为官的儿子曹振镛以及自己的好友推介，邓石如甚为感动，给曹府书写了一四体《千字文》以答谢，并为竹山书院题了匾额（另外，邓石如还曾为棠樾七座石牌坊中间的“骢步亭”手书匾额）。踱至书院门口，门旁见两座左右对称竖立的扁石鼓；门前有平台，台的两侧立着望柱拦板；台面高出路基约一人身长，从台中间向上登七级台阶，才可跨进院之大门。入门处竖着一个木屏风，书院的主体厅堂进口是前廊，隔天井为三开间后堂。相连天井外边的两廊立有方形石柱 8 根，正厅堂面阔 16 米，进深 8 米，宏大宽敞；16 根楠木冲天柱高耸屋顶，矗立堂中央，故俗称“楠木厅”。在楠木柱上，如用铜元在柱壁间摩擦几十次，就会贴附住不会落下，长至几天都是这样。大厅堂的正壁间悬挂着一副蓝底金字的对联：

竹解心虚，学然后知不足；
山由篑进，为则必要其成。

此为曹文埴撰写，既阐释了书院的得名由来，也寓含着对于治学处世为人的砥砺，且巧妙地将“竹”“山”二字镶嵌其首。

竹山书院内部自南至北分为两片相对独立而又回廊连通的区域：南片为讲堂，北片为园林。在园的东边右廊一角辟有一侧门，通往内院。院内当年既有讲堂，也有书斋居所。从侧门进院，至滨江的小轩，前开一排窗，人坐轩中，江中船帆上下航行，全收眼里，景名“云帆坐眺”，后被名为“眺帆轩”。该轩壁上镶嵌一方手卷形石刻，所刻之文为清代礼部侍郎沈德潜①（号归愚，其所编注《唐诗三百首》脍炙人口）所撰《竹山书院记》，记作于乾隆二十四年（1759）秋初。南片讲堂的正厅、教室、膳宿房舍等，由三组三开间、前后两进三楹、中设天井的高敞明亮建筑所组成，相互之间有曲廊连通。院园三面由高墙围合，形成主景庭院。从南片进入北区，在第三组建筑的曲廊墙壁上嵌有一块高达二尺、宽有七尺的巨大黟青石碑刻，横书着“山中天”三个大字，字径一尺五寸左右，下署“颜真卿书”四个

---

① 沈德潜（1673—1769），字碻士，号归愚，清代诗人。乾隆元年（1736）著举博学鸿词科，曾任内阁学士兼礼部侍郎。

竖写小字。一说此乃曹氏先人从四川峨眉那边拓摹来这块唐代大书法家的手笔碑刻，复镌而成；另一说据柘林人氏晚清诗人徐丹甫云：雄村书院桂花厅旁“山中天”三字，乃颜鲁公书。雍、康间曹振镛之先人得之于河南蔡州城北，摹归刻石，原为“天中山”三字，乃倒其文也。何说为确不可知，唯此三字嵌于廊间，文景交融，恰到好处。村中后人曹瑾在这曲廊栏杆“美人靠”边撰联日：“圃内魏姚称国色，山中天地焕人文。”下联寓指雄村父子尚书的山中宰相家，上联是讲廊右边的“牡丹圃”景点，花开之季，魏紫姚黄，千姿百态，极尽妍丽，也象征着万山丛中的雄村这几百户人家的小山村，却绽开出五颜六色的国色天香般的人文之花。

过了“山中天”，廊尽头有一西边厅院，名为“清旷轩”。进入相对保存完好的典型徽派建筑清旷轩内，可谓别有洞天：轩的正壁上饰有被乾隆皇帝称为“江南半个才子”曹学诗①所撰《所得乃清旷赋》吊屏，时至今日还有三分之二的文字内容清晰可辨。轩额悬有郑来所书篆文“所得乃清旷”匾，前列两柱悬隶书楹联一副云：“畅以沙际鹤，兼之云外山。”因《清旷轩赋》以此联 10 字为韵而撰成。轩前有露天的平台，置石雕低栏三面围绕，14 根望柱头上各有一只石狮，形态各异，状极威猛，体甚优美。台左原有水池，名曰“泮池”，或名“秋叶”，池畔植杏，寓意杏坛讲学；池中曾饲养鲫鱼、鲤鱼，池水流经文昌阁前石桥。一棵老梅将树影垂投在池上，人若坐在池栏杆石上俯首向下看，鳞光闪烁，悠悠忽忽，如濠上观也。可惜如此胜景，今已湮没。

清旷轩前平台之下盛植丹桂，原已成林，间植素梅、红榴、

① 曹学诗，字以南，号震亭，雄村乡贤，乾隆戊辰进士，历任麻城、崇阳知县。著有《香雪文钞》《笠荫楼诗集》《黄山游记》等。

玉兰、娇杏、蜡梅。桂树林间，石径通幽，平岗叠石，浅溪架桥。据传当年雄村曹氏族中立约：凡曹氏子弟参加乡试者可得曹家祠堂三十吊钱资助，若科场中举者可在庭院中植桂一株。所以清旷轩又俗称“桂花厅”。在桂花厅这一小巧玲珑的庭院内，原已植桂花树达 52 株之多，有月月桂、八月桂等多个品种，皆为曹文埴之后曹氏族人手栽，既为其先人中举者，也有后代中举者，这可是一件光宗耀祖的事情。雄村在明清两朝曹氏中举的共 52 人，连捷成进士的 29 人，其中清代中举的 39 人，连捷成进士的 23 人。因为考中举人既意味着有了入仕为官的身份，成了贵人，植桂乃是取“桂”与“贵”谐音之意，加上古代传统习俗又有“蟾宫折桂”游历魁台，寓意“科举场中夺魁”的殊荣，所谓魁星高照、文运亨通是也。而今桂花厅尚存枝干遒劲、终年长绿的古桂树 16 棵，其中有 5 棵是连根的双桂，传说兄弟两人同中举者就共种一棵连根双干的桂树。于是，揽月折桂成了书院莘莘学子的美梦，他们一个个令自己悬梁锥股、刻苦攻读，追求以文入仕、以名垂世的宏愿。

清旷轩当属竹山书院最值得赏玩的地方，有人认为光听这个名字就足够清心旷达的了。桂花厅园林景色美丽雅致之甚，尤当仲秋之月，桂林一片浓绿，株株缀满金朵，树树开着黄花，香气横溢，沁人心脾。正如女词人李清照咏桂花有云：何须浅碧深红色，自是花中第一流！

透过桂花厅园林的围墙上月洞花窗，坐在清旷轩中，近观园内桂树之清幽，远眺园外松竹之长绿，江中船帆之秀白，另有一番风味。如果诵读《所得乃清旷赋》中佳句，其所描绘出的清旷之气，跃然壁上，大可体味该轩的景致建筑而感触更深。想当年的清旷轩桂花厅又该是何等的秀美壮观，可惜的只是如今仅留下老桂稀疏，形影相吊，显出几分凄凉潦倒，再也无法一览那种桂林密植、金桂飘香溢满村的景观了。所幸的是轩内外的一些文物如木刻吊屏和小篆匾额以及摹刻颜书石碑，仍然保存得基本完好，多少还流露出一点昔日显赫大家的煌煌气派。正如清代著名诗人袁枚（字子才，号随园，杭州人氏）于清旷轩中读毕《清旷赋》赞曰：典雅中见富丽，平易处而近人。尤盛称其中“石栏曲折，能留野老看花；沙圃宽平，不碍农家种菜”等句。全篇《清旷赋》一气呵成，文字昂扬；物色灵心，感慨系之；乡里乡情，跃然纸上。

清旷轩后原有竹园一片，于花窗漏孔中望见此景是曰轩南“千竿滴翠”，青叶雨过，滴翠流清。竹是中国人很喜欢的一种植物，苏东坡讲过“宁可食无肉，不可居无竹”。竹，虚心若谷；竹，清静高雅；竹，品高质正；更有中国传统文人心目中，特别是国画家笔底下的竹报平安：“去岁东风融雪汁，依旧青山未白头；雨霁溪肥黄梅天，家乡竹杪绿悠悠。漏窗眼里看千竿，滴翠青叶乐呵呵；欲取一枝江上去，祝报平安如何留。”（徐丹甫诗）

沿着清旷轩右回廊南行，穿过门洞即见牡丹满圃。圃之一角原掇石叠成假山一座和石笋两枝，已被人为地推倒了；圃之另一角植山茶花，楚楚动人。这一组建筑延纡于院园的西南面，曲槛回廊，敞轩小阁，虚实相间，错落有致，构图生动活泼，富于变化。园东作开敞式处理，面山临江，仅以矮墙分隔内外：花明柳暗，韶华尽感天恩；水送山迎，灵秀长培地脉。绛云绕园，风帆入座，极尽借景之能事。相传此景观是清采用清朝一代诗宗袁枚的设计构思。

清旷轩平台下偏左，依次还有“百花头上楼”“听风轩”和“北阁”等景点，属文昌阁东段园林片了。

第二节　壮志凌云的文昌阁

竹山书院庭园之北，在清旷轩桂花厅通往书院的回廊壁上，嵌着一块大黟县青石，刻有“昌阁”两个大字，附近即耸峙凌云阁，上祀文昌，书院园林的主题隐喻其中。此阁高大雄伟，石基八面，高两米有余，分上下两层，各自形状皆成八角，故俗称“八角亭”。阁楼锡质宝顶呈葫芦形，乃所设之“攒尖顶”，其基部如荷披复，上为防风锥，从直立葫芦的腰部四周引出八条银白色的链子状铁索，垂脊末端伸向二层飞檐翘出的八个角上系住，角均翘起，如鸟振翼，角下悬金色雀铃，角尾饰以陶制鳌鱼，脊间立着“好望兽”。丽日之下，葫芦锡顶，银光闪闪，直耸云端；江风拂来，铃声叮当，意韵悠扬。

文昌阁一层前柱为石制，两柱之间的南面檐下悬额匾“贯日凌云”四个蓝底楷书金字。两旁石柱悬着曹文埴撰书的楹联：

扶君臣朋友之伦，心悬日月；
证圣贤豪杰之果，道在春秋。

楼下祀关羽，关平、周仓二将侍立，两旁列钟鼓。

阁的上层，八面皆窗，窗外正面有陶匾，赭底蓝字曰“俯掖群伦”，是曹文埴手书。楼上原祀文昌帝君，魁星与之面对。神座两侧有版联两副，一为曹学诗所撰：

司禄籍于蕊宫，壁彩奎艺，散出飞霞楼阁；
悟文星于碎月，天光云影，收回活水源头。

另一为曹元瑞（字侣白，清乾隆庚午举人，官宣化知府）所撰：

红缦星云垂凤篆，青华桃李蔚鸿文。

登阁楼上，凭栏眺望：近水远山，尽有舒心情意；明月清风，岂无景羡价值。渐江波凌水色，竹山竹影婆娑，一览无余，尽收眼底，的确令人心旷神怡，千思万绪，感慨不已。想当年雄村曹氏先贤曹祥、曹楼以及曹学诗、曹元瑞和曹文埴、曹振镛等前辈，贯日累月，勤学苦练，科场夺魁，以文入仕，壮志凌云；常年逐岁，兢业克俭，政声名盛，诗文著富，流芳后世。继而俯掖晚辈，期冀群伦，超越前贤；青华桃李，活水源头，流光熠熠，霞照千秋；圣火莹莹，慎终追远。由此足见，竹山书院含有

文昌阁（八角亭）

“先学后臣”的深意，而文昌阁额匾、楹联的字里行间都充满了君臣朋友、圣人贤达、日月春秋之情怀，浸透着理学中的仁义伦理、忠贞道德、节孝规陈之意蕴。这就自然地让人们能够品赏院园内外的美丽景致，更可以从中领略儒家圣哲的神思妙想和冲霄气派，心中得到默然的熏陶与厚重的教诲。

文昌阁东边还有一处宜看冬日雪景的“北阁”或称“听风

轩”，其实这两者并非一处，而应该属于两处景点：在清旷轩台下桂花厅偏左，与“秋叶”泮池相邻的是后者“听风轩”，与听风轩仅一墙之隔的才是前者“北阁”。坐在此轩中，可抚江面来风，聆听铁马叮当作响；身在该阁内，宜看夏日晚霞，耳畔回荡风铃和鸟鸣。

清旷轩的东面有一座小楼名为“百花头上楼”，轩与楼之间的小天井面积约5平方米，“叠壁山却甚峭伟”，是所谓之“以壁为纸，以石为绘”“收之圆窗，宛然游境也”。百花头上楼是座小巧玲珑的楼房建筑，该楼落地长窗四面敞开，故又被村人称为“四面楼”。楼面朝东临江，楼台露现在百花丛中的枝头之上，临窗俯视，万紫千红，百花争艳；放眼远眺，峰壑似屏，尽收眼底，江中帆缆呼啸而来。在科举未废除时，凡书院中有曹氏族人进学、中举或至迁官、迎宾，文会就在此楼摆酒设宴，或泡茶铺果，共叙乡情、亲情以及文人墨客之间的交流往来，互相切磋，真个情景交融，美不胜收。近世族人有建议于此小楼镶联曰：“百折渐水扬绿波，花满桃坝洒红云”；或曰：“百尺竿头科场独占鳌头，花飞满天奎星高照蓝天”。另外，抗日战争后期中美特种技术合作所于雄村开办训练班8期，当年此楼曾作过美籍教官的住所。军统头目戴笠曾来此并兼任主任，还将此楼充当过他的临时公馆。

第三节　雄村上社和崇报祠只隔百步

竹山书院南端与之连成一体的景观是“雄村上社”，门前有两头石雕狮子蹲踞着，形态自若；门楣上方刻着前述社名四个大字的一处外观依然保护得较好的老屋，它和书院南片建筑连接在一起，有曲廊相通。所谓上社是村人祭祀五谷神和土地神的地方。俗云“千载不逢中秋社，百年难遇一朝春”，说的是中秋节逢秋分社日，大年初一朝遇立春节气，乃千百年都不易碰到的事情。早年间，雄村先人每逢旧历的春秋社日，都在这里搭台演戏，舞狮舞龙，场面热闹非凡。善男信女一群群到社屋来，焚香烧纸祷拜，祈求五谷丰登、本土平安。村中老人曹瑾《咏雄村景观二十二首》之一《上社春秋》云："农家切望是丰年，秋报春祈礼不愆。历代朝廷崇社稷，黎民饱暖敢忘先？"

距竹山书院南端的雄村上社不过百步远，现改为"中美合作所"展厅，当年是"崇功报德祠"，简称"崇报祠"，系雄村曹氏先贤祠，崇功以保民者，忠壮、忠烈也；报德以淑士者，先师、先儒也。凡有功于国，有德于民，有惠于乡里者，经两宗祠合议同意，神主始可入祀。祠早于历史的战火与洪水中颓圮，祠前的牌坊仍巍峨屹立，是三间三楼四柱冲天的青石牌坊，高 13 米，宽 8.5 米。坊三楼双升龙板上书"恩荣"二字，二楼中央前面石碑书"光分列爵"四个大字，一楼正中央书"大中丞"三个大字，右边书"学宪"，左边书"传胪"。坊背面二楼中央石碑书"世济其美"四个大字，一楼左右石碑分别刻有历代曹氏族人考中举人进士的人名和年代，如"甲辰科进士曹祥""戊辰科进士曹学诗""庚辰科进士曹文埴"等明清两代共有"一门八进士"。

据《曹氏文献资料》介绍：这"大中丞"三字是官名，明清时期各省的巡抚称"中丞"，此处指的是明成化甲辰进士曹祥，字应麟，号南峰，官至巡抚贵州兼理军务兼制湖广湖北道并四川酉阳等处都察院右副都御史；左书"学宪"二字，指的是明隆庆辛未进士曹楼，字世登，号近阳，官至江西参政，四川学政；右书"传胪"二字，指的是清乾隆庚辰进士殿试二甲第一名曹文埴，字近薇、竹虚，号荠原，官至户部尚书。同时，牌坊上还镌刻了明代曹氏家族考中科举者和显宦的姓名，门楣生辉。所谓"光分列爵"是对曹家声名显赫者进行褒奖，"世济其美"乃使之在历史丰碑上代代相传。

到了清代，尤其是乾隆年间，雄村曹氏族人更多入仕为官，

崇报祠前“大中丞”坊后面二楼“世济其美”

为朝廷所器重，乃奏请获准于桃花坝上建“崇功报德祠”以祀曹氏先贤，祠滨渐江西岸，筑长堤以防洪水。祠建筑非常宏伟，除正厅享堂外，祠旁有小园圃四座，有阁，有榭，有厅事，有池沼；祠的头门为五风楼结构，前额悬挂“金殿传胪”直匾，匾下复有“大学士”横匾一块。这两者分别指的是二甲第一的曹文埴及其子清道光年间军机大臣曹振镛。真个所谓“直道一身立廊庙，清风两袖返故里”是也。

在崇报祠的右前方有一低丘处，上边原本建着一座联体双亭，亭名“方胜”，曾经叫作“连环倩影”的景观。早时亭的右方旷场，设着石桌石凳，一棵参天古松树如伞盖似的，巨大的樟树像屏幕一样，护荫着这片亭影桌凳。文人雅士，常在这里置酒下棋，联吟合唱。旷场四周夹植桃花紫荆，可以想象当年的景致风光是何等模样的了。

第四节　书院园林文化意境极佳的特征

竹山书院位于村之北端桃花坝上，是一座二进三楹的学舍建筑，自北往南，凌云阁（八角亭）、百花头上楼、清旷轩（桂花厅）、眺帆轩、书斋、讲堂、大厅，直到联体的雄村上社，附近的崇报祠、余庆堂、南厅，洋洋洒洒，一路沿着桃花坝长堤逶迤远眺渐江对岸的慈光庵，这的确是一组徽州特有的书院建筑群体和一大片极具特色的水口园林。主体大厅、庭院、轩室、廊亭、高阁、小楼、台榭、佳木、花草、翠竹、石笋、池沼、小溪、小桥、流水，等等，一应尽有，巧布其中，并与周围的山峦、江河、牌坊、古树以及浩浩蓝天、悠悠白云，有机地融合于一体，形成一处人与自然相谐调的整合精美而意境深远的古典园林，相对独立，有整有分，有离有合。漏窗短垣，围墙隐约，徽州人俗称之为“水口”，究其内在的含义，就是保一方“风水”的宝地：在丘陵地区以山势走向为龙脉，大好风水必定是“左青龙，右白虎，前朱雀，后玄武”，并且要“玄武垂头，朱雀翔舞，青龙蜿蜒，白虎马（满）川”。这象征性的四种灵兽：龙（蛇）、虎（豹）、雀（鹤）、龟（鳖），乃是中国古代民俗传统中的吉祥之物或镇邪之宝。风水所标榜的正是如何顺应自然环境以保持个人、家族乃至全村的好运，所谓“徽人尤重风水”是也。其实，在今天看来，风水之说乃是中国古代哲学、宗族伦理、宗教信仰、原始科学和巫术礼仪等的大糅合，它以阴阳、五行、八卦等互相配合而形成的唯气论等传统思想为理论指导，并与卜墓地、相宅居的实际活动中一些具体经验相结合而升华成为一种学说或法术，其核心内容就是人们对阴宅和阳宅环境进行选择和处理的一门技艺或法术，其判断的结果则是能否蕴藏得住天地间的生气，使得人与自然环境在墓地、居宅、祠堂这些具体建筑形态上达到默契与和谐，同时能够满足人们精神上的寄托和安抚人们的心理。

雄村上社

用现代的话来说，风水意愿所体现的是人们的伦理哲学和宗教信仰这两个基础：前者是风水意愿的道德基础，后者是风水意愿的信托基础。风水意愿在建筑上表现为蕴藏生气的空间布局，伦理哲学在建筑上表现为秩序排列，宗教信仰在建筑上表现为精神寄托。尽管这三个方面观念内容有所不同，但在建筑表现上有正负、对称、层层相抱的形式需求却又统一起来：风水的藏住生气，从山水自然状态上为屋宇定点选址；伦理的昭然次序为屋宇定位取向；宗教的信托理念为屋宇设置趋吉避凶的种种保护体，如墙壁上的鳌鱼、门旁的石鼓或石狮、仪门上的门神和楹联、梁枋上雕刻的飞禽走兽以及厅堂内隔扇门上或长廊壁上装饰的花鸟虫鱼浮雕，等等。由此，风水地缘、伦理血缘、宗教心缘这三个方面构成一种结综：世世代代生活在徽州山水环境基地上构成的人工造筑的居住实体之中。最为理想的人居环境自然就是：背倚连绵的山脉为屏障；前临茵茵草地，一马平川；两侧水流曲折回环，水质清秀，流汇面前；左右远处护山环抱，山间松柏林木葱郁，而水口的堤堰是为了蓄水聚财，堤岸堰边的树木竹林是为了防风藏气。徽人尤重风水之说，正如朱熹在《怀潭溪旧居》诗中所云：

忆往潭溪四十年，好峰无数到窗前；
虽非水抱山环地，却是冬温夏冷天。
……

徽州众多族谱规定：“保龙脉，来龙为一村之命脉，不能伐山林。”因而，徽州水口大多为林木葱茏，水草丰美，形成每个古村落的绿色屏障，这就是徽州人所讲究的“以树木为地之衣毛”“非林障不足以护生机”等习俗观念，属于程朱理学中“天人感应”的范畴，也正由于这种观念左右着徽州人，导致徽州水口几乎到处都伴随着徽山徽水徽人家，极大地使得古村落洋溢着浓厚的文化气息和园林情调：山说山是锦，水说水是银，村人说万紫千红总是春。

雄村竹山书院水口园林，与众多的徽州古典水口园林一样，是源远流长、风格独特的，堪称江南古典园林中之佼佼者。毕集徽派建筑、雕刻工艺及古生态学、园艺学的精华于一身的园林建筑群体，明清时期曾经与苏州园林、岭南庭院齐名于世。所以《中国古典园林史》将其作为清代中叶至清末江南园林的十三个实例之一加以介绍，也属于硕果仅存的清代徽州私人造园活动遍及全国时出现的独具地方风格的园林之一。其园林艺术主要特征是：构图的天成之趣，意境的象外之旨，技法的简远之致。

首先，竹山书院选址极其讲究，依山傍水，师法自然。徽州山水迤逦，丘陵起伏，往往制约着园林的范围、格局、体式。因此，依山者则靠山采形，傍水者则就水取势，顺应自然，因地制宜，就地取材，重视"相地合宜，构园得体"（计成：《园冶》），以便更好地发现和拓展造化的天性，使山的阳刚之美与水的阴柔之美融为一体；同时更好地凸现建筑、园林、诗词、书画的艺术美，并力求实现自然美与造型美的巧妙结合，达到所谓"虽由人作，宛自天开"的境界，即秉承中国古典师法自然的传统，深知山水之妙，得天然之趣，身处园林之内，犹在山水之中，以青山为屏，绿水为带，花木为饰，随四季朝暮风云变化而展示出的天然美，加之园林中的亭台楼阁、名人字画等艺术美，二者相映生辉，增添了整个园林的生动气韵。竹山书院水口"缘溪之曲，筑平堤，艺佳树，苍翠无际，隐隐为画图"（沈德潜：《竹山书院记》），还联体建着雄村上社，社内所祀社公即农业创始祖。阶下立一大石鼎，每逢春秋祈社日，村中各户都来焚香烧纸叩拜。另外不远处建有"武帝行宫"，或称"关帝庙"，原址在"雄村上社"与"崇报祠"之间。据传宫内原祀的是南朝陈武帝（陈霸先），这是因为在南朝梁侯景之乱时，歙县篁墩人程灵洗（514—568）招集黟、歙乡勇捍卫地方，抵御侯军有功，被梁元帝（萧绎）授为谯州刺史，领新安太守。陈在梁亡后建国，程灵洗归顺于陈，被陈武帝授为兰陵太守，封为遂安县侯；后因功被授为南豫州刺史，经陈文帝（陈蒨）到陈废帝（陈伯宗）即临海王，程灵洗进号云麾将军。次年卒后，被赠为镇西将军，开府仪同三司，谥以忠壮，配享武帝庙庭。从此程忠壮一直被徽州各地官府春秋祭祀。（万历《歙志》传卷四，志十四《勋烈上》）沿袭至明清，歙县水南乡一带包括雄村都祀奉程忠壮配享武帝行宫。但在这当中，不知何时起，村民改祀关公（羽）大帝，俗称该宫为关帝庙了。在行宫前有一长方形塘，因也在雄村上社的大路南边，故称“社屋塘”。绕塘夹植碧桃紫荆，坝上通道，大部用彩色卵石砌成“五福”“八宝”“鹤鹿同春”“牡丹宝贵”“喜鹊登梅”等图案，故村人称此为“花路”。邻近往南还有前已述及的“崇报祠”和方胜亭等建筑；竹山上篁篁竹海，郁郁滔滔，隔着渐江弯曲绕村处望见半山腰慈光庵的黄墙黛瓦建筑，更令人遐想联翩，幽思风发，逸兴遄飞。心目所及，只觉得：天合地合，人和心和，和和美美；山清水清，家兴业兴，兴兴旺旺。

其次，竹山书院建在水口，充分利用天然造化之优势，其空间虽受限制，但构筑上要求小中见大，见微知著。这就要从广度、体积上施展其功能，以质优发挥其效应，也即在建造园景上下功夫，以尽量调动人们审美想象的积极性，从有限见无限，使一座占地仅两亩余的园林获得无限深远的观赏效果。通过精巧的构思，运用造园的技艺，尽管人工构筑范围较小，园内建筑物又较多，其中如凌云阁体量又大，但由于设计巧妙，书院成为雄村水口的园中之园，所以并不感到建筑太过密集、体量过于厚重，足见其园林空间的经营已经达到了很高的境地。竹山书院园林虽然处于地少形狭、山高水长的丘陵地段，但它是以大自然为背景的客体园林，作用于审美主体的大脑，令人产生联想、想象，对美的含义予以引申、补充、改造，从而创现出新的意象、意境。加上该园林水口又隐蔽在偏远宁静的农村乡间，闲雅野逸，富于泥土气息，乡民安闲，愉快地享受着田园风光，观赏着水口园林，乐趣横生。在这里，天籁、地籁、人籁，合奏着天人合一的徽派园林独特的生动韵律，给人一种飘然复悠然的乡情热土之感。

再者，竹山书院园林对于借景技巧方法在运用上要求含虚构远，魅从巧出。这是汲取古典园林的精华“巧于因借，精在体宜”（计成：《园冶》），有其自身的体察而结合本地环境优势所形成的另一特点。书院虚其东方临江的一面，用“延山引水”的手法，将新安山水画廊的山容水态天然景致摄取入园以使自身增色，倍添魅力。正如清光绪年间歙县知府谭复堂记竹山书院所云：“缭以短垣，面新安江，峰壑如屏。帆缆上下，擅胜在远，山泽之姿，可以坐啸。”（许承尧《歙事闲谭》中《谭复堂日记》游雄村竹山书院，谓此系曹文敏、文正二公先人所筑文社，台榭幽窈，花木靓秀。）可谓深谙此园之妙。

竹山书院与众多的徽州园林一样，注重园林意境蕴涵，不仅借助造园要素来传递意境信息，起初只是采土筑阜，或深林绝涧，模仿自然，推崇山水的野趣，进而叠石造山，或楼阁重复，同时具有中国山水画的款式。在创造意境方面还采用词赋、匾额、楹联、刻石等文学艺术方式来深化意境的内涵，于有限的空间内构成若干不同的景区，产生相互联贯和对比的艺术效果，即把山池、建筑、园艺、雕刻、书法、绘画等都综合在园林艺术之中。竹山书院采用多种造园手法以凸现其意境，将书院园林的主题挥洒得淋漓尽致：栽杏象征杏坛讲学，植桂寓意蟾宫折桂，种桃以示桃李满天下；壁间刻赋，廊间嵌碑，楹柱镌联，屏书诗文，文思如泉涌，书法走龙蛇，恰与园林情景相互印证、彼此交融。竹山书院园林艺术受到明末清初形成的新安画派影响，保持着宋、明以来园林轩爽清秀的风貌。园内建筑采用徽州民居传统形式和处理手法，集中反映出徽州的山地特征、风水意愿和地域美饰倾向，饰以高古的砖、木、石三雕，如青砖门罩、石雕漏窗、木雕楹柱与建筑物融为一体，使建筑精美如诗如画，其质朴自然、雅洁明快，很类似那些境界开阔、寓伟峻深厚于清简淡远之中的“新安四家”（渐江的峻逸险峭，汪之瑞的苍郁生涩，孙逸的简淡平远，查士标的纵横劲厉）绘画作品。例如，在清旷轩和百花头上楼之间一处小天井，面积不过四五平方米，叠在壁间的假山却甚峭伟。其所追求的意境志趣显然是“百尺竿头求一遈，花满枝头报春来”。

竹山书院可说是古徽州现存最完整的书院，该书院园林则是清代徽州私家园林中硕果仅存的一处。如果说北京、承德擅北方皇家园林之胜，富丽堂皇、雍容华贵；苏州、扬州领南方私家园林之风骚，玲珑剔透、轻柔秀美；那么，徽州园林作为另一种独特风格的园林来说，堪与前两种园林鼎足而立。这种独特的优势是由于过去像“藏在深闺人未识”似的，在岁月流逝中将自身蕴含着的秀美与优雅的风姿，悄悄地在静寂的山村里展示着而已。因为山高路阻，徽州园林久隐在青山绿水之中，错落在危岭险隘之途而鲜为人知；加上徽州理学风行、封建宗法严錮，慎独心理深重，更加使得徽州园林长期沉默自处、不擅张扬。其实，徽州园林汲取中国古典园林的精华，又富有地方特色，多在有限面积里，结合地形，运用造园手法，布置得山石玲珑、水面迂回，构筑小巧，早就显得清新淡雅、幽静曲折了。

同时，竹山书院这样的徽州水口园林，在事实上成了全体村民共享的公园式的公众场所。由于其无围墙，置构于村边大路旁，实际不仅为本村，也是为全社会路人旅客所共享。这跟苏州、扬州的私人园林“独乐乐”相比，徽州水口园林的“众乐乐”更加可以使人领略村社古风，有返璞归真的感觉：村民共享的思想背景，因地制宜的创作构思，依山傍水和林木村舍相结合的布局手法，清新古朴的艺术风格，淡雅明快的建筑色调，精湛靓丽的装饰倾向，诗情画意般小桥流水伴人家的村口景观，共性中见个性，个性中寓共性的审美原则，无不给人留下深刻的印象。早在竹山书院造成之初，沈德潜撰《竹山书院记》中有语：“欧阳公记海陵许氏南园，推本其孝弟著于三世，而嘉其力行而不怠以止，且详及其竹树台榭草木禽鱼，而思宗族少长之愉愉，而乐于此者，非为娱目放情之计。今曹氏之家世孝友，余既饫闻而亲见之。而干屏昆季之克承先志者，诚不怠以止焉！许氏本歙人，后先固堪辉映，顾许之园止以私于其家，而曹氏合其族人无分畛域，俾之相率于为善，而不私为己有，则其度越于昔人远矣。”足以证明竹山书院是作为雄村曹氏族人共享的水口园林和书院文会之处所，迄今已历经两个半世纪的风雨，大约要算是雄村现存最完整的古建筑了。

鉴于竹山书院系古徽州著名的私学建筑，其园林景点和厅堂轩楼之间以廊庑联系，延纾数十米，曲折有致。院中园林部分构图得体，意境深邃，技法高超，是徽州古典园林的重要范例，也是我国清代江南园林中颇具代表性的地方园林之一。1985 年和 1999 年，书院内的文昌阁、清旷轩分别进行了大修。

1998 年，竹山书院被公布为省级重点文物保护单位。2000 年，其被作为第五批全国重点文物保护单位推荐上报。

第五节　徽州古村落传统教育文化的源头和特点

雄村丽日催芳草，竹山秀水映霞云。竹山书院自乾隆年间建造之始，一直得到曹氏家庭的鼎力支持。“雄村曹”时属徽州首数的宦商两旺的典型大族，宗族鼎盛，人才济济，俊彦辈出，声名显赫，鉴于会文讲学的需要，书院应运而生。

竹山书院位于村北的桃花坝上，院内杏坛讲学，清旷轩前桂花馨。这“桃、竹、杏、桂”四种植物名称，寓意着雄村人文历史上书院文化的特征。正是由于“竹解心虚”的谦逊治学，桃李芬芳的育人硕果，杏坛的“山由篑进”业绩，折桂夺魁的“必要其成”，构成了竹山书院文化的传统，从而确立了雄村作为国家历史文化名城的名片之地位。这不单是因其拥有现存书院园林建筑的完好：两山一水，水澈傍村，青山环抱，竹林掩翳；时逢雨后，风轻气爽，白云芳草，流水繁花，鹅鸭飘游嬉戏，临岸竹影环动，慈光庵绿树掩映，文昌阁矗立相迎。还有在这景色旖旎的风水宝地，仅清朝从雄村就走出了两位使曹氏家庭煊赫一时的显达，即曹文埴与曹振镛父子尚书，五世一品，子超乃父，宰相留京，代君三月，三朝元老，位极人臣。更是因其蕴涵着深厚的书院文化和思想力量，也由此而有人把雄村喻为科举摇篮、儒学圣地之一，并一直至今都被赞称传统文化村。

历史上的雄村，才俊荟萃，学风浓郁而上进，人物博学而风流，竹山书院园林郁人文，文风陶陶；文化芬芳，芳气袅袅。但是今天我们在谈论“桃竹杏桂”时，从竹山书院这一雄村历史的陈迹，不仅仅见证那种“所在为雄”的昔日辉煌，体味其中沉淀着的那种传统文化和儒学精神，还应着眼于其中凝聚着的书院文化，并追寻其文化与精神的源头，以便使其永驻于乡土的气息与山水的灵秀之中。

竹山书院文化的创立与兴盛，究其源头可以说包含着三种文化因素的交融：一是徽商“贾而好儒、贾服儒行”的业儒情结，使其从商业贾致富后，多热心于振兴儒业、延师课子以期擢高第而登仕途的理想追求；二是明清时期徽州山区的人口和土地矛盾突出，带给人们较大的生存压力，为谋求发展之路而萌发的“忧患意识”；三是士人学子中形成的朱子之学传统，让人们在圣贤的熏陶中，练就一生孜孜以求的苦干精神。这三者犹如三股涓涓细流注入历代雄村曹氏学子的血液中，也铸就了竹山书院文化的灵魂。

竹山书院文化在实质上可说是中国传统文化的一种乡土化体现，其发展与全国众多著名书院的历程是基本一致的。早在先秦时期已开始有私人讲学的传统，这传统的发展或延伸就是后世出现的书院。书院之名最早见于唐代，开元六年（718）设丽正修书院，开元十三年改称集贤殿书院，是设于朝省的校刊经籍、征集遗书、辨明典章，以备顾问应对的官方藏书机构，院中并不存在讲学活动，尚未形成师授生学的教学场所和士人研究学术、传承文化、实施教化的地方，也就是说那时的书院不是后来人们一致公认的传统意义上的书院。真正作为授徒讲学、培育人才的教育机构并名副其实的书院乃出现在唐末五代时期，但为数甚少。贞元（785）中，李渤隐居读书于庐山白鹿洞，至南唐时就遗址建学馆，以授生徒，号为庐山国学；宋改称白鹿洞书院，出现了“即闲旷以讲授，大师多至数十百人”（吕祖谦：《白鹿洞书院记》）的盛况。应该看到书院的成型，与魏晋以来山林讲学和习业的风气大有关联，实在是一批杰出的教育家通过高智商的文化构想和精心设计而创办起来的。其办在名山胜地，与风水相接，与名师相称，既保持着一种清风朗月式的文化理想，包含着文化传递与学术研究所必需的某种独立精神和超逸情怀；又立足于民办官助，使书院的主体意识皆根据文人学士的文化逻辑而建立，教学研究能够保持足够的自由度。获得官府的援助则可调动各级官员所凭借的权力给予实质性帮助，共同参与书院的事业以追求社会的知名度和感召力。这样上可摩天，下可接地，确实可说是中国文化教育史上一个令人赞叹的创举。宋代以来，声望昭著的有“四大书院”：庐山五老峰下的白鹿洞书院、南岳衡山脚下的岳麓书院、衡阳县北的石鼓书院（《玉海》录“宋朝四书院”有嵩阳书院而无石鼓）、商丘县南的睢阳书院（亦称应天府书院）。这些书院的创办者或为私人，或为官府，不少学者名流曾在其中讲学，生徒以研习儒家经典为主，间尝议论时政。

徽州的书院在历史上有记载的是由绩溪人胡忠于北宋景德四年（1007）在龙井涌狮山创建的桂枝书院，比欧阳修所建颍州西湖书院在时间上还早 42 年，是现今所知安徽第一所书院。从该书院的遗址看，依山而筑，台基高大，石阶甬道，规模可观。以教胡氏乡族子弟、群一族之英、兴一族儒学为目标，采取个人钻研、相互答问、集体讨论、轮流讲学等方式，研习儒学经典和经世济国之术。

古徽州是宗族制度最为盛行、宗族势力至为强固且较为典型的区域社会之一。境内书院的创办，大多依靠宗族的力量，由乡绅独资或集资兴办而后请名儒设教。如从书院创办人的身份看，既有隐逸山林的处士、学者，也有当朝掌权的官僚、退老归里的官员，还有身怀巨资的布衣。徽州人士在开馆助读建书院上似乎达成了一种无名的默契。从北宋到清末，徽州一府六县之地的书院就有97所之多，其中宋元15所、明清82所。书院的名称或叫“书屋”“精舍”，或简称某某“轩”“室”“堂”。这些名称各异而实为书院的处所，大都宗法朱熹白鹿洞书院学规进行管理和教学。在古徽州众多的书院中，规模最大、影响最广的是徽州府治地歙县的紫阳书院，乃南宋淳祐五年（1245）徽州太守韩补为纪念朱熹而建，此时朱熹已去世45年了。该书院倚山瞰溪，前为书楼，中为明德堂，后为宸奎阁，又其上为披云阁，阁前为大成殿，旁为风泉云壑轩，横入左右斋庑。南宋理宗赵昀为紫阳书院御写匾额，极大地刺激了徽州的书院文化发展，也使程朱理学被奉为徽州书院的学术正宗。元代散曲家张可久所作“新安八景”第八首《紫阳书声》云：

楼观飞纵，好山环翠屏。谁向山中讲授？朱夫子，鲁先生。
短檠，雪屋灯，琅琅终夜声。传得先儒道妙，百世下，以文鸣。

在此词中的朱夫子就是朱熹，字元晦，号晦庵，别号紫阳，祖籍徽州婺源，师承周敦颐（濂学派）和程颐、程颢（洛学派），一生孜孜不倦地著述讲学，“明天理之根源，究万物之始终”，集理学之大成。以朱熹为代表的新安学派（或闽学派），既专注于从经文中寻求义理，倡心性修养，又主张积极入世，直面人生。在古徽州数百年里，新安理学成为一种非常独特的文化现象，其影响之深，妇孺能言。人们将朱夫子和鲁国的孔夫子尊为“天下斯文之主，古今学者之师”，又因“我新安为朱子之邦”，故徽州崇仰朱熹几百年已根深蒂固，成了徽州历史深处的一种难解难分的文化情结。朱熹的父亲朱松，字献，号韦斋，曾在徽州府城南门外紫阳山老子祠读书，因不附和议忤秦桧，受排挤落职，闲居福建建阳，却怀念故郡之紫阳山。暮年还专程来歙复游，甚觉此山“崇冈内抱，清流外襟，黄山练水之秀，风泉云壑之奇，极为新安佳境”，是一个建院立学的绝好去处，归闽后仍牵挂不忘，亲刻“紫阳书堂”印章，并以“紫阳”名其所居之厅。朱熹“虽生闵之延平，而其先世则家于新安之婺源，因尝从父往来新安读书”，对徽州故园的情感甚是真挚，在著书作文中署名“新安朱熹”的有216次之多，时时以自己为徽州人而自得，厚爱故土之情溢于言表，曾不胜惆怅地感叹道：“此夕情无限，故园何日归?”

朱熹两次归里都逗留了数月，在故乡的书院从事讲学活动，在纷纷从学的徽州士子中亲自教导了一批高第学儒，这些学行卓著的及门弟子后来成为徽州社会传播朱子理学的干城之将。

朱熹所开创的书院文化传统与精神，其特点主要表现在两个方面：一是讲求和谐文化，二是强调伦理道德。朱熹说“天人一物，内外一理；流通贯彻，初无间隔”。天人合一是一种和谐，它以儒家的思想为中心，讲究由个人和谐推展到家庭和谐、宗族和谐、社会和谐乃至国家、天下的和谐，追求的圣贤政治也是以达到天下一家的和谐理想为目标的。因此，朱子理学关于“读书志在圣贤”的说教，认为“若不读书，便不知如何而能修身，如何而能齐家、治国”（《语类》）。其所宣扬的纲常伦理道德使得书院的士人、学子多明义理，并抱着入世精神，追求一种力所能及的完美以达到心安理得。这种入世精神当然始于宗族对家庭的重视以及对伦理秩序的讲求。儒家哲学强调人必须克制自己的需要来充实自己，发挥人的理想，将道德规范引向成己成人、尽己之性、尽人之性、尽物之性的境界；同时还将家庭伦理推广到社会所有人生各个层面，此即五伦的观念：由家庭中父子、夫妇关系建立起一种伦理道德，推衍到君臣之德、朋友之义、处世之术。正如曹文埴在竹山书院为文昌阁撰写楹联所言：“扶君臣朋友之伦，心悬日月”，说的是扶持五伦中的德与义，即维持五伦关系的德性与规范，其心可诉诸日月，这是传统文化很重要的特点之一。

历史上的徽州，中原士族在西晋永嘉之乱、唐末黄巢起义、靖康宋室南渡这些社会大动荡时期大规模举族迁入，于每一村落聚族而居，不杂他姓，重宗族、严主仆、重仕宦、重门第、重世系、重名分，使宗法意识、光宗耀祖的思想观念得以传承、勃兴和繁荣。尽管曾经屡遭战乱的沉重打击，但唐宋时代兴起的科举制度却给保有良好文化传承、昔日一度辉煌的中原士族以新的崛起的机会。“朝为田舍郎，暮登天子堂”成为现实生活中的常态，诱使更多的徽州子弟走上读书备考之路。关于读书给士子带来的好处，宋真宗（赵恒）以皇帝之尊作《劝学文》号召“男儿欲遂平生志，六经勤向窗前读”；同时王安石在其《传家宝》二集卷五《时习编》三集中更有绝妙的描述：

读书不破费，读书万倍利。
书显官人才，书添官人智。
有即起书楼，无即置书柜。
窗前看古书，灯下寻书义。
贫者因书富，富者因书贵。
愚者得书贤，贤者得书利。
只见读书荣，不见读书坠。
卖金买书读，读书买金易。

在另一诗篇中，宋人则几乎将读书看成了万能，诗载在《古人真宝》前集卷首曰：

富家不用买良田，书中自有千钟粟。
安居不用架高堂，书中自有黄金屋。
出门莫恨无人随，书中车马多如簇。
娶妻莫恨无良媒，书中有女颜如玉。

说的是只要肯埋头读书，积极应试科举，则黄金美女、良田美宅、富贵利禄，都不是什么难以企及的东西。正是在这种以读书为至上，以科举为目标，积极向学的社会风气熏染下，徽州山水之间，文风陶陶，形成了“十户之村，不废诵读”的壮观场面，数量众多的徽州士子纷纷醉心于科场应试，徽州在宋代起出现了名臣辈出、人文郁起的文化景观。特别是在集儒学之大成的程朱理学兴起后，赢得了“东南邹鲁”“程朱阙里”美誉的徽州，宗族创办书院以培养家族子弟业儒入仕蔚成风气，如黟县鹤山李氏宗谱就曾规定：“族中子弟有器宇不凡，资禀聪慧而无力从师者，当收而教之，或附之家塾，或助以膏火。培植得一两个好人，作将来楷模，此虽族党之望，而实祖宗之光，其关系匪小。”应当说，这也是徽州宗族社会中普遍存在的一种意识观念。在这种意识的导引下，宋元以来，徽州的书院热心于讲学育人的学者代不乏人。他们大都师宗朱熹于淳熙七年（1180）为白鹿洞书院制定的《白鹿洞书院揭示》，所含内容包括五教之目（指父子有亲、君臣有义、夫妇有别、长幼有序、朋友有信）、为学之序（指博学之、审问之、慎思之、明辨之）、修身之要（指言忠信、行笃敬、惩忿窒欲、迁善改过）、处事之要（指正其谊不谋其利、明其道不计其功）、接物之要（包括己所不欲，勿施于人；行有不得，反求诸己）。这是古代一部最能体现书院文化与精神的学规，其制定的教育目的、内容、方法，为我国古代书院的发展指明了趋向。后来的徽州各书院皆以此为圭臬。徽州书院还始于朱熹归里讲学初步就绪形成书院讲会制度，这一优良传统是源于朱熹倡义重修白鹿洞书院，并聘邀陆九渊来书院讲学时所开的先河。如朱熹追记当年讲会盛况而作的一首诗《白鹿讲会次卜丈韵》云：

宫墙芜没几经年，只有寒烟锁涧泉。

结屋幸容追旧观，题名未许续遗编。

青云白石聊同趣，霁月光风更别传。
珍重个中无限乐，诸郎莫苦羡腾迁。

诗中流露出理学大师在经历讲会后获得无限乐趣。学人们聆听会讲、接受熏陶而拥有一份美好的激动心情，真是一件惬意的大快人心事。会讲也是后来朱熹在岳麓书院于乾道三年（1167）与当时著名哲学家张栻（字敬夫）进行过中国文化史上“朱张会讲”的一种学术活动，不同学术观点的学派在或大或小的范围里进行探讨和辩论，学生也可旁听，既可推动学术研究又可带动教育教学活动。朱张会讲是极具魅力的，两人当时都只有30多岁，却已身处全国学术文化的最前列，运用思维探讨哲学意义上人和人性的奥秘，时有争论几天几夜都无法取得一致意见。但所取得的成果是两人越来越佩服对方，各自觉得“相与博约，又大进焉”，“从游之久，反复开益为多”。朱熹还用诗《有怀南轩呈伯崇择之二首》描述他与张栻的学术情谊：

忆昔秋风里，寻朋湘水旁。
胜游朝挽袂，妙语夜联床。
别去多遗恨，归来识大方。
惟应微密处，犹欲细商量。

这一年的十一月，朱熹偕张栻游南岳衡山，登山过程中，朱熹作有多首“次敬夫韵”的诗，例如：

晚峰云散碧千寻，落日冲飚霜气深。
霁色登临寒夜月，行藏只此验天心。
穿林踏雪觅钟声，景物逢迎步步新。
随处留情随处乐，未妨聊作苦吟人。

月晓风清堕白莲，世间无物敢争妍。
如何今夜峰头雪，撩得新诗续旧篇。

七十二峰都插天，一峰石廪旧名传。
家家有廪高如许，大好人间快活年。

衡山之行，了却朱熹平生之一愿，也表现他与张栻之间的诗人情愫与教育哲理乃至胸襟愿望是何等深沉炽烈、志同道合和宽阔美好。事隔27年之后，只剩下朱熹一人已是六旬有余的老者，知潭州公务牵身而无暇重游衡山了。这时他德高望重又有职有权，有足够的实力将扩建岳麓书院的计划付诸实施，参照早年为白鹿洞书院制订的学规颁发了《朱子书院教条》。这使岳麓书院得以重振，又显现出一派繁荣的风光。

朱熹是一位终生都想着教育的大师，对书院文化情有独钟，其学术成就之高，可用辛弃疾的话来称赞："历数唐尧千载下，如公仅有两三人。"朱熹对于教师这一行当的思考是把书院教育看成为恢复人性、提升素质的根本途径，其对徽州故里有着极深厚的影响。在婺源县紫阳城内"文公阙里"小东门有匾曰"虹瑞"，明代汪伟有诗云："道学上传洙泗远，余波千载淑人心"，足见徽州士民对朱熹的理学思想及其敦学倡读之举，体察尤为深切透彻。曹文埴、曹振镛父子即为突出的例子。如时任户部尚书的曹文埴途经西递为胡学梓兴建的"万印轩"题写匾额，始料未及的胡学梓之一子胡元熙幼年就在"万印轩"书屋攻读，业儒成功走上仕途，后娶宰相曹振镛之女为妻，官运亨通，曾出巨资帮助家乡徽州重建书院与重修歙西太平桥。西递明经胡氏家族也是贾儒两盛的望族，在其宗祠与书院乃至民居中，随处可见倡读勉学的楹联："第一等好事只是读书，几百年人家无非积善""读书好营商好效好便好，创业难守成难知难不难""传家无别法非耕即读，裕后有良图惟俭与勤"。这充分展现和流露出徽州人铭记乡梓先贤的教诲，体会到"读书将入穷理，用意不如平心"的生活哲理与崇读重学的传统态度和风气。

曹文埴还曾在退老归乡之年，倡议复建"古紫阳书院"，亲自主持筹建，事无巨细一概鼎力为之，终于积劳成疾，在该书院建成两年后就告别人世。曹振镛为家乡徽州重修府学撰记，其中说及“自宋元明，迄今数百年，江以南，士之私淑文公，能于学校自表见者，必推我新安”。嘉庆庚辰科廷试时，身为体仁阁大学士的曹振镛任主考，从彰文明之化出发，主张将广西桂林陈继昌由榜眼改升为状元，使之以三元及第，成了清代科举史上闪光的“桂林一枝”。由此足以见证曹振镛慧眼识人才和兼顾文化教育大局的战略眼光。

清代云南玉屏书院讲堂有对联云：“何事关心，二月杏花八月桂（清制：二月会试，八月乡试）；是谁催我，三更灯火五更鸡。”可见书院教育与科举登第的关系已深为当时社会和舆论所认可。同样可说，雄村竹山书院的“桃竹杏桂”寓意巧妙深刻：书院园林，文风陶陶；书院文化，香气芬芳，真正称得上是“桃竹报平安，杏桂登高科”。历史陈迹早化云烟，当今现世的雄村文化前景可谓是：桃符万象更新，竹报岁岁平安；杏花春雨送喜，桂花金秋飘香。

第三章　五世一品造就了一祖两祠的祭祀文化

沿着石子砌成的花路往南走，过了方胜亭松下敲枰景点，到达雄村南隅的“南厅”原址。南厅是由曹祥读书处扩建而成大厅曰“余庆堂”，表示纪念都察院右副都御史曹祥，兼作族人议事叙礼之处。南厅曾经是雄村规模最大的一处公共建筑，前后有三进，长49米，宽37米，占地1813平方米。现在仅存厅前的一座三间三楼四柱青石牌坊以及牌坊与原五凤楼之间的一个巨大水池，池中间架设一座三孔石桥横跨水池，桥头两侧蹲踞着一对石雕的雄狮。据曹瑾在《雄村风光》中回忆：石桥直接着厅的台阶，入厅之门三，两石狮护门，中门上有金字匾，匾横书“大学士”；门楼上复有直匾曰“金殿传胪”，厅之宽敞壮丽，胜过“崇报祠”，然少花圃楼阁之属。逢旧历正月初一，曹氏两祠（仁、礼两祠）族人，按辈分团拜，正月十一日，厅中开始燃灯夜宴，元宵日更有家乐吹弹侑酒，至“十八朝”乃止。厅中所悬串珠明角灯数十盏，乃至有一灯内燃30余只蜡烛的多盏，明角灯大如五石（音担）缸，故称“水缸灯”。灯彩之美，皖南无出其右。

南厅的西面后边隔一条大巷是曹氏孝思堂，相对于村西首的“一本堂”，称为老祠堂。现今南厅与老祠堂均已不复存在，原址上曾经一度改建成村中学校。

第一节 “孝思”“一本”两祠堂的历史由来

雄村西头村口一古松，据传为曹文埴时栽植，早年许承尧《游雄村竹山书院三首》诗中一首云：“村居静被水云封，幽径临溪隔寺钟。存想承平文宴地，到门惟见一株松。”与此一古松相掩映，“四世一品”坊耸立在村头路北边。该一品坊后面就是曹氏“一本堂”，即雄村曹家新祠堂，是曹景廷、景宸兄弟遵父曹堇饴遗命修建的，乾隆二十四年（1759）落成，时间恰与竹山书院落成相同。

“南厅”三孔石桥

所谓雄村曹氏“一祖两祠”的新、老祠堂，有其历史渊源，据《曹氏文献资料》称：据耆老流传，其间有家庭恩怨存在，因一世祖曹关一原配洪氏生曹宗仁，偏房朱氏生曹宗礼。宗仁居雄村，务农也经商，有四子（曹以能、曹以器、曹以宾、曹以用），劳力足，生活颇富裕。宗礼居郡城，有三子（曹以盛、曹以荣、曹以华），均读书未成，生活窘迫，时来雄村向兄求助。宗仁的长孙曹祥时尚未束发，对叔祖父的无厌之求，乃出怨言。宗礼愤而批曹祥之颊，且斥曰：“小畜生，敢尔！”曹祥虽年幼，心甚衔之。到了他成为贵州巡抚兼制四川湖广之日，乃于雄村之中隅，邻棠樾鲍氏墓侧，建立宗礼祠曰“孝思堂”。祠规甚严，中有“庶妾孽子，不得入祀”之条。宗礼为偏房所生，故死后不得入祀；其后人乃将两代神主供于家室。后来宗礼的后人经商有成，日渐富裕，纷纷迁来雄村，所居处曰“铁门”，宗仁的后人颇歧视之。

至清初，宗礼的后裔业盐致富。康熙、雍正年间，业商更加兴旺，至曹国昌（堇饴）致大富，为扬州八大盐商之一，堇饴为修好曹氏同族的感情，临终遗命二子干屏、映青“于溪建文阁，修书院，立社祠，筑园庭”及扩建南厅（即“余庆堂”，乃曹祥读书处），和睦同族。二子遵父训，于乾隆初，即行储材，至乾隆二十四年，“一本堂”乃告落成。

“一本堂”地处村西首，右侧原有祀明代江西参政曹楼的“大参祠”，壁嵌明代大学士许国的文章为之作传，美誉胶庠，重农弼教，以开民智；左边原有明代都察院右副都御史曹祥的“都宪祠”，悬有明代正德圣旨两道，敕命巡抚贵州，安军拊民；奖敕抚治，以武树勋。“一本堂”构筑宏伟，头门为五凤楼，两旁立有石狮，曹文埴高中二甲第一名后，竖“金殿传胪”直匾于头门上。后升为户部尚书，又于祠堂前增建“四世一品”牌坊。再后曹振镛入阁，复于正门上增悬红底金字“大学士”匾额，益现该祠气象之恢宏。如今一本堂仅残留前边一进五凤楼部分，两侧封火墙仍基本完好。据村人介绍，一本堂中间一进享堂和后边一进寝堂的梁柱都是白果树，弥足质珍名贵。只因现今早些年在里面开粮食加工厂而被机器震塌了，以后被改建成了茶厂。一本堂左右两侧的“都宪祠”和“大参祠”均已毁不复存在，唯“一本堂”牌坊、石狮尚存。

雄村曹氏的一祖两祠，曹瑾《咏雄村景观二十二首》诗中《孝思堂（宗仁祠）》一首有道：

南厅背后孝思堂，五凤高楼楠木亲。
两字孝思垂族训，子孙繁衍姓流芳。
四世荣封一品貤，司农有子秉军机。
敢夸过父能跨灶，代主行权世所稀。

后一首说的是，曹文埴为户部尚书，其子曹振镛为军机大臣，曾代君处理国事3个月，成为中国历史上独一无二的“代理皇上”。至今雄村民谚“宰相朝朝有，代君三月无”，所炫耀的就是世间绝无仅有的这一件事。

第二节　曹氏父子尚书和曹雪芹同宗共祖的秘闻

曹文埴（1735—1798），字近薇，号竹虚，别号荠原，乳名川富。兄弟三人，长兄曹文境，次兄曹文塾，自殿其后。乾隆庚辰（1760）朝试列二甲第一名进士，时年25岁高中传胪，顿即名声大噪，选吉士，授编修，后任翰林院侍读学士，命在南书房行走，教习皇子，此后28年都在内廷为官，曾经主试山东，先后视学浙江、江西，在任上采取各种便利考生措施，取士公正廉明。为人办事干练，能理剧繁，不徇私情，曾同时身兼八职，时人称其有敏识，久悬之案，着手能使之水落石出。父丧满后，授左副都御史，迁侍郎，历刑、兵、工、户诸部兼管顺天府尹，军机章京员外郎。后升户部尚书，兼领顺天府尹，亦为四库全书总裁之一，成为乾隆皇帝十分信任的人。

乾隆四十六年（1781），曹文埴尚书之子曹振镛（1755—1835），字俪笙，号怿嘉，乳名钏，考中乾隆辛丑进士，年仅26岁，乃当时经学家、大学士翁方纲的得意门生，选吉士，授编修，父子同朝为官达6年之久。乾隆之季，和珅擅权，势焰炙

曹文埴题“宗二公墓”碑字

手，因曹文埴曾验军机章京海升杀妻之狱案，大学士阿桂位在和珅之上，却以尝奏及语袒海升，故和珅想拉拢曹文埴一道攻击阿桂。但曹文埴特持正故，非阿和珅，乃借口母老，在乾隆五十二年（1787）陈情乞归奉养母亲以尽孝意，获得恩准，蒙赐加太子太保衔，御制诗文赐其母以壮荣归。乾隆五十四年（1789），皇帝以明年80岁寿辰，命曹文埴母诣京师，文埴疏言“母健在，明年当诣京师祝寿，至时如未能远离，当自审度，上体圣意，下顺亲心”。诸事皆从实。得旨：“卿能来，朕诚喜。但毋稍勉强。”乾隆五十五年（1790），皇帝80万寿前夕，文埴诣京师祝寿，上赐文埴母大缎貂皮，并题匾为赐。

1995年12月8日《北京日报》“昔花今拾”栏载着刘汝龙、周建临写的以《大观园展出一曹家文物》为题的文章说，正园“红楼文化艺术展”发现了一副紫檀嵌银的对联。上联是“中秋节恰庆辰值”，下联是“万寿增如大海升”。在上联右上角有

“御制句”三字，下联落款是“臣曹文埴集敬书”。两方印，一方是“臣曹文埴”，另一方是“敬书”。文章接着依据《清史稿》卷三百二十，介绍曹文埴其人，结合这副对联的文字，可以肯定这正是曹文埴为乾隆皇帝八旬寿辰特制的礼品。

同时，文章还据红学家周汝昌讲：曹文埴之父曹景宸，原业扬州盐商，富有家赀。推考年代，正当曹寅（曹雪芹之祖父）在扬州任巡盐御史，他到此业盐，当因曹氏同宗关系，彼此交往唱和，史迹是可以稽考的。周汝昌又向文章作者展示了他刚借到的《墩头曹氏宗谱》。谱一翻开就是曹文埴所书“墩头曹氏秘书家乘”八个大字，接下来是：“乾隆四十九年（1784 年）甲辰嘉平月榖旦赐进士出身太子太保户部尚书徽歙忠武公裔同宗后学文埴拜题。”底下两方印，一方是“文埴之印”，一方是“庚辰传胪”。该谱三十一页有记载：“……值内廷与徽歙曹竹墟侍郎叙及渊源谓与我青墩头曹氏同宗共祖焉……”

周汝昌在评估此副嵌银紫檀木对联的发现时说：“第一，这副祝寿联本身的文物价值很高，对我们考察曹雪芹家世来说也具有很大的价值。因为，墩头曹谱是雪芹中古始祖曹彬（宋代武惠王）命修的族谱十八帙之一池州谱的传本，是联系安徽曹与北京曹的宗族记载的纽带。而曹寅一家为何一到江南大受重视，又实因其丰润同族曹鼎望先到徽州去任过知府，政绩文功，大为宣城大诗人施闰章所钦佩赏识，结为至交；曹鼎望的文友们，后来也就成了曹寅的朋俦，所以曹寅的声誉与安徽曹氏、丰润曹氏是不可分的。这就是说，此副对联的发现，实际上是绾合着河北曹、安徽曹、北京内府曹三支是同宗共祖的一大标志。”“第二，清代乾嘉学者早有记载：高鹗、程伟元伪续假‘全’本《红楼梦》（即程甲本）正是乾隆八旬万寿之际出现的——以前只有八十回手抄本，而曹雪芹之病逝，则与早已得知有人破坏他的原著真本之事是密切相关的。那么，曹文埴的年代，则中进士时，还在雪芹逝世之前三四年，而（程甲）假本之出世，他也是赶上过的

——这又表明文埴与雪芹完全是同世同宗之人了。"

原来曹文埴自称"徽歙忠武公裔"的忠武，是唐代曹全政长子曹翊的谥号，他就是新安曹氏的一世祖。而曹全政次子曹翔，就是青州派曹氏一世祖。曹翔历官至河东节度使兼京西招讨使，殁后赐谥"忠靖"。曹翔长子曹达后来回到青州为其祖父曹全政守庐墓，生子曹勬，迁居灵寿生曹圭，圭生郸，郸生芸，芸生彬，彬佐宋太祖为元勋，封济阳王，殁谥"武惠"。计曹彬世系序列，当为曹全政第八代孙。

曹文埴为"墩头曹谱"题字自称"同宗后学"乃溯本追源，并非攀附。雄村曹氏保存有宋代曹定宇（曹全政第九世孙）所撰《新安曹氏谱序》，该序作于宋神宗元丰六年（1083），作者时年已七秩，计与曹彬生年相距约百年，谱序是依据前人曹全政第五世孙曹棑所作《曹氏家乘》而撰。直至明代万历甲寅年（1614）间复由裔孙曹尔贞等续辑，撰成《曹氏家乘便览》；清代乾、嘉间，雄村曹氏复有续辑，故至今行列井然不坠、昭昭可考。

乾隆五十六年（1791）御试翰詹，曹文埴之子曹振镛编修，大考列三等，皇帝以振镛为大臣之子，人才可用，特擢侍讲，寄赐文埴御制文勒石拓本。乾隆六十年（1795）因皇帝登基极周甲子，文埴诣京师祝贺，皇上复赐文埴，并赐文埴母大缎人参。

第三节　代君三月的三朝元老曹振镛

乾隆皇帝以曹振镛的一切言行，循规蹈矩进退举止，不离典训；卓有父风，深加宠信，屡予升迁，曾经主试江西、河南，公正廉明，历官翰院掌学士，工部侍郎。嘉庆三年（1798）大考二等，迁少詹事。父文埴病卒于原籍，享年六十有四，赐谥"文敏"谕给祭葬，有诏为立"四世一品"牌楼。曹振镛丁父忧，归里尽孝。孝满，授通政使，历内阁学士，工部、吏部侍郎。嘉庆十一年（1806）元旦，宫中设筵，命廷臣即席赋诗，振镛诗名列第一，当即升为工部尚书，命参编《高宗实录》成，加太子少保，调户部兼翰林掌院学士。嘉庆十八年（1813）调吏部尚书，协办大学士，未几由文渊阁直学士升体仁阁大学士，兼掌吏、工两部，嘉庆二十一年（1816）被晋升为太子太保。嘉庆皇帝巡幸热河，特命曹振镛佐太子守国，一切政务全由他处理。在此期间其曾扑灭一次宫廷叛乱。至今歙县雄村流传“宰相两朝有，代君三月无”之谚，即指嘉庆年间曹振镛代理军国大事3个月，成为中国历史上独一无二的“代理皇上”，可见嘉庆皇帝对他的信任至何等程度。嘉庆二十五年（1820）仁宗皇帝猝逝于避暑山庄，枢臣撰遗诏，称乾隆皇帝降生于承德避暑山庄，编修刘凤诰知其误，告振镛。当年8月22日，道光皇帝奉先帝梓宫回銮京师，曹振镛经刘凤诰指点，就乘机奏陈随扈避暑山庄的军机大臣托津、戴均元等所拟大行皇帝（嘉庆帝）《遗诏》末尾称“我皇考（指乾隆帝）即降生避暑山庄”与《清高宗（乾隆）实录》所载高宗纯皇帝诞于雍和宫大相抵触。道光皇帝怒，谴罢托津、戴均元等枢臣，寻将曹振镛晋升为武英殿大学士，入值军机，首掌丝纶，取代了托津的位置，成为军机大臣。道光初，曹振镛处事小心谨慎，一守文法，最被朝廷倚任。晋太子太傅，充南书房上书房总师傅，国史馆总裁，仍兼管吏部事，并赐第北京，赏用紫鞭，图像紫光阁，列次功臣中。从此以后，曹振镛总领清廷最高机构内阁及军机处长达14年之久，成为名副其实的三朝元老。

曹振镛学识渊博，政务熟悉，廷臣无不尊敬。其仕乾、嘉、道三朝达52年，居宰相之位凡25年，侃侃以老成自居，警于朝廷屡诛大臣之威烈（康熙杀鳌拜，雍正杀年羹尧，乾隆杀纳清，嘉庆杀和珅），深悉所诛者，多由平日擅权，为朝廷所忌而致，故平日处事战战兢兢，如临深渊履薄冰，不敢稍有擅专，即如下僚升迁，也都是论资排辈不轻易推荐，所以下僚中难免有人不满他这位上司，以致有谓为“叩头宰相”者。实因他居官庄敬，闲常谈话却颇诙谐幽默，以此有人将他的调侃之言，“斩头去尾笔之于书”，造成一些误解。如一下僚新升御史，登门请教，曹振镛鉴于年轻人好露锋芒，捕风捉影，为免失误伤人，便对他说：“少说话，多叩头，常读《四书》《孝经》。”曹振镛意在将“为政不在多言”“下事上以敬”圣人之言加以道德化，那御史却并不理解曹振镛的话，便请问他人，话传开去，几经转述，给某先生拾到，摘去尾巴，笔之于书，造成后人的误解。又如一满洲同僚问曹振镛：“大人历事三朝，至今圣眷益隆，究竟何术?”曹振镛对此话感到庸俗可笑，便诙谐地答道：“唯叩头而已矣，阁下熟读圣贤书，《孝经》当已烂熟，可于此中求之。”这样回答既是自谦无能，也嘲笑那满员浅薄，连《孝经》也不读读，因为那里面有“事君”章。

曹振镛历事三朝，凡为学政者三，典乡、会试者各四，衡量文章唯遵功令，不取淹博才华之士，殿廷御试，为预检阅，严于疵累忌讳，遂成风气。凡纂修《会典》、两朝实录、《河工方略明鉴》、《皇朝文颖》、《全唐文》皆为总裁。凡所综理，事必躬亲。嘉庆十九至二十五年，皇帝6次南巡，5次秋猎木兰，每命曹振镛留京处理朝廷大事。

曹振镛受道光皇帝称赞曰：“亲政之始，先进正人。密勿之地，心腹之臣。学问渊博，献晋精醇。克勤克慎，首掌丝纶。”亲书以赐之。其恩眷之隆，系由于曹振镛办事谨慎，熟悉政务，凡所陈奏，务得大体，一字一句，反复阅视，纠错改正，从不马虎，深受文臣称颂；且一向恭俭，在饮食和服饰上，与道光皇帝提倡节俭、杜奢侈作风一致，即使在朝堂办事，也只喝一杯白开水，从不浪费朝中一分钱，并常为宫中支出力谏，数请停罢不急工程，撙节大笔靡费。尝谓家人曰：“吾才不能致君为尧舜，唯当导君于节俭。”终其执政之世，朝廷未有大兴土木之举。虽出身富贵之家，然常惜衣惜食，故又有讥之为公孙弘第二者，此系谓其矫饰。世人以为曹振镛是盐筴起家，两江总督陶澍在江苏改行淮北票法以整饬两淮盐政，旧有盐商受损，陶深怕招致恩师曹的反对，将此计划先以私书向他禀报时，曹振镛曰：“焉有饿死之宰相?”家卒赞成，世特以称之。

曹振镛一生忙于政务，史称他善于著述。历任《会典》《高宗（乾隆）实录》《仁宗（嘉庆）实录》《河工方略明鉴》《皇朝文颖》《全唐文》等书总裁，且是一字一句地推敲、改写。还自著有《纶阁延辉集》《话云轩咏史诗》《宋四六选》《一野轩诗钞》等书，可谓是著作等身的宰相作家了。

道光十五年（1835）曹振镛殁于官，年八十一，自缮遗疏拊折至十余事，皇帝震悼，诏曰：“大学士曹振镛，人品端方，自授军机大臣以来，靖恭正直，历久不谕，凡所陈奏，务得大体。前大学士刘统勋、朱圭于乾隆、嘉庆中，蒙皇祖、皇考鉴其品饰，赐谥文正，曹振镛实心任事，外貌呐然，而献晋不避嫌怨，朕深倚赖，而人不知，揆诸谥法，足以当正字而无愧，其予谥文正，入祀贤良祠。”御赐铭旌曰：“朕祖之臣，朕父之卿，朕之太傅。”生荣死哀，实为满清一代汉臣中之仅有。

第四章　古徽州教育文化中的名人轶事

雄村曹氏家族人才济济，贾儒结合，官商一体，飞黄腾达，显赫一时。明清两代，尤以乾、嘉、道三朝达到巅峰，曹文埴、曹振镛父子在京城和在家乡都是影响极大、权倾一方的官宦之家、名门望族。尽管宰相曹振镛后裔返歙者仅长子曹恩汴一房，次子曹恩荣擢四品卿留在京城，且村中宰相府“茹涵堂”及其后花园“非园”又遭火劫，遗存甚微，但仅凭地志、稗记与传说，尚可略窥全豹之一斑。

第一节　文埴尚书曾救金榜状元的命

曹文埴任户部尚书时，曾救过歙县同乡金榜状元的命，金榜（1735—1801），号檠斋，歙县岩寺镇人，出身于书香人家，自幼拜婺源江永为师，与休宁戴震、歙县程瑶田是同窗好友。乾隆三十七年（1772）考中壬辰科状元，授翰林院修撰，但他坚辞不受，而愿往国子监任教席，获恩准。那年国子监新建大殿刚落成，乾隆皇帝亲临视察，在一片皇恩浩荡的欢呼声中，心血来潮，要在大殿上加一块金匾，以示自己的文采。随即见金榜在接驾的人群中，就有意试试其才华，把匾上题字叫金榜书写。金榜不敢逞能，婉言恭请御赐墨宝，以使满殿增辉。皇帝却说：“爱卿的馆阁体，比前朝礼部尚书董其昌还秀逸一筹。朕这么做，也是知人善任。至于匾文，就以‘太平盛世’四字概括我大清人文荟萃、国泰民安吧。”状元题匾本属轻巧小事，金榜掂起斗笔一挥而就。工匠们没等这匾文干透，就拿去照葫芦画瓢刻制出来了。金榜哪里知道，乾隆皇帝自幼跟着奶妈学着一口吴语，而将“太平盛世”讲成了“大平盛世”，这太和大两字只一点之差，意思也不大出格，但前者是皇上的口谕，而后者却是金榜疏忽听错误写了，众人为此替金榜捏了一把汗。

从竹山上看慈光庵背后景色

乾隆皇帝闻报金匾挂上殿，即率众前来观看，一见其中太字少了一点，立刻火冒三丈，毫不自责口齿不清的毛病，却认为金榜欺君犯上，理当斩首。幸亏时任户部尚书曹文埴，与金榜是同乡，当即从中斡旋，才使金榜没成刀下之鬼。皇帝为显示自己爱才若渴、恩德无量的形象，便说金榜死罪可赦，但改错之事不可免，要求既不准把挂上去的金匾拿下来，也不准搭起脚手架上去改，只命金榜飞笔补金匾，补得成功，功过相抵，补不成功，充军戍边。

若是金榜没有飞笔的奇才，皇帝这一着定要把金榜吓死的。当时在场的曹文埴心中有数，一来他本人就是响当当的书法家，著有《石鼓砚斋试帖》二卷传世，他和金榜之父金长溥［乾隆十三年（1748）戊辰科进士，官至吏部考功司主事］是同窗好友，金榜进京赶考就住在他官邸里；二来他深知金榜的字间架不差毫厘，笔力入木三分，漆书又是其擅长之处，因而暗暗祝愿金榜凭着自身超群技艺化险为夷。

金榜向皇上叩谢不斩之恩后，从容退在一旁，目测心量那块该补上一点的金匾，距离地面足有三丈①多高。他细视工匠们用过的土漆、桐油与金粉一起拌和出来的汤汁，时而嫌稀，时而嫌稠，又自重新调制一番，然后提起一支崭新的斗笔，饱蘸调料，踱到金匾的正前方，对准大字肚里，猛地投掷上去，嗖的一声刚落，只见那笔锋所触之处，正好是原先大字肚里应加一点的所在，这一点，点得不偏不倚、不缺不溅，与大字浑然一体，没有丝毫点补上的破绽，围观的众大臣同声称赞，都说文科状元若去比武场上比试，定能百步穿杨。乾隆皇帝也不由得转怒为喜，跷起大拇指夸奖金榜这一绝技。

金榜于乾隆四十二年（1777）充任山西乡试副主考官，次年任会试主考官。不久，因父去世告假回家守丧，回想官场上的险恶风浪，便借病辞官，优游林泉，以著书讲学为娱。著有《礼笺》十三卷、《周易考古》十卷等书。金榜因博稽精思，慎求能断，多有创见，被后人称为清代著名经学家。返回故里期间，与当地考据学家一起，在曹文埴退老返乡主持紫阳书院修建等功益事业中多有奉献。并且金榜曾莅临雄村竹山书院讲学，以文会友，惠及后学。（本节内容参见汪修煦《状元与宰相》一书）

① 1丈≈3.33米。

第二节　曹文埴倡议建古紫阳书院

曹文埴诗文书法均有造诣，著有《石鼓砚斋文抄》三十二

慈光庵门前

卷、《石鼓砚斋试贴》二卷、《直庐集》八卷。所谓“石鼓砚斋”者，曹文埴之书斋名也，以贮有石鼓砚而得名。直至身后，曹文埴长子曹琪，字六畬，号月锄，曹振镛之胞兄，弱冠之年即代表曹茹涵堂驻扬州，经营盐务。乾隆御驾南巡，他亲与接驾。他能诗文，善书算，卓然有儒者气度。尝手书一联：“佛容为弟子，天遣作诗人。”联无上款，下联署“兄琪书”，未着年月，揣系赠曹振镛或其堂弟某者。《扬州画舫录》载有曹六畬名，并称“淮北人多赖之”。所著《石鼓砚斋书画录》嘉庆十年（1805）抄本仍存世，收藏于天津。

曹文埴为人重文教，乐公益，退归家乡后，为徽州办了几件好事，在乾隆五十五年（1790），以花甲之年倡议修歙县考棚、学宫及建“古紫阳书院”。徽州人一向重视读书，也一向重视做官，更一向重视写文章，整个徽州可谓文风昌盛。古代俗语“官不传三代”，正如近人所说：“官位不可传，财富不可传，惟有文化代代相传。”历史上曾有父子尚书、宰相，但那毕竟是极个别现象。

在古城歙县有两处紫阳书院院址：一处是城南五里紫阳山麓，其山丰郁秀丽，端凝若堂。东向而峙，每逢晓日将出，紫气照耀，山光显烁，类赤城霞，故曰紫阳。别一处在县城东面问政山麓。“问政山头路，高高欲上天。悬知风教广，足以万千年。”（近代名师鲍幼文《题歙县县中校刊》诗句）明代大书画家董其昌曾游此山，发出了“君不见问政山，错在黄山白岳间”的感叹。据宋人《祥符图经》记载：“问政山，唐光化中聂道士隐形，刺史陶雅深所推重，常访以为政之要。故名。”问政山竹树茂密，泉水甘美，盛产竹笋和珠兰、白兰、茉莉三花，有“问政竹笋甲天下”之美誉。

歙县紫阳书院是为祭祀朱熹而建，又是古代徽州历史最悠久、规模最大、培养人才最多的书院之一。南宋淳祐五年（1245），徽州太守韩补创建，宋理宗赵昀亲题“紫阳书院”四字匾额。此后历经元、明、清三朝的郡守、知府及徽籍官员，如魏珍、彭泽、熊正芳、王勤、张芹、何东序、陆锡明、曹鼎望等，皆倾力关注书院的生存状况。直到清咸丰、同治年间毁于兵火，迄未复建，现仍存紫阳山坳处书院遗址。而另一处在问政山麓的紫阳书院是元代至正二十年（1360）因古紫阳书院一度毁弃而迁建的。曹文埴倡议即文公祠旧址复建书院，名曰“古紫阳书院”，欲别于紫阳山之书院。当时，其得到了官府的支持和两淮徽商的捐助。“鲍志道协其筹、程光国董其事”。歙县著名两淮盐商鲍志道为家乡的紫阳书院捐银 8000 两，并设法使该银款项在两淮盐场按月息一分增值，于是书院每年便可得 960 两银子。嘉庆年间，鲍志道之孙鲍均，又捐银 5000 两，也依前述旧章行息。这样一来，使得紫阳书院能够长期葆有充裕的经费而正常运作，学术繁荣。

紫阳书院建制特点是祠学并存，自南宋末至清初，祠内祀奉朱子，即理学大师朱熹被看作“道元正统”，奉为一代文圣；紫阳书院在当时无疑把孔孟朱子学说奉为正统经典，为法定教科书，是书院的主要学习内容。

紫阳书院的入学生员从徽州府内六县中挑选，正额监生 80 人，童子 40 人。学成离院后的缺额又由“学政于六县童生中，以文试前列者”补，书院设院长一人，山长一人，并订有章程，“俱勒石”立在院中。紫阳书院是著名的教育中心、教学之地，也是儒士们常集于此探讨学问、议论政事之地，更是收藏书乃至刊刻书之地。在明万历末年，歙县紫阳书院一度发展成为全国的四大著名书院之一，一直至清代全国各地都是以“紫阳”命名的书院中最大的书院型刻书机构。据学者研究，由紫阳书院刊刻的大部分图书，刻印均佳，堪称书院本的代表作品。诸如南宋时所刻魏了翁著作 10 种 327 卷及罗愿《尔雅翼》32 卷。元代，至元年间（1264—1294）刊刻魏了翁《周易集义》64 卷、《周易要义》10 卷。明代，刊刻方回《瀛奎律髓》49 卷、毛调元《镜古录》8卷、梁于涘《铁桥志书》3卷等。清代，刊刻更频繁，其中著名版本择要有康熙年间刻吴曰慎《周易翼义集粹》3卷，雍正年间刻《紫阳书院志》18卷附《四书讲义》5卷、《程朱阙里志》8卷。乾隆年间刻《仪礼义疏》48卷、《钦定礼记义疏》82卷，光绪年间刻汪绂《书经诠义》12卷、《诗经诠义》12卷、《乐经律吕通解》5卷等。从这些刊刻书的种类分析看，多是为了满足书院教学和研究需要；从所刻书的内容看，主要是为了标明本书院的学术源流以及为了弘扬本书院宗师或山长的学术而刊刻的。

回顾歙县紫阳书院复建的历史及其作用，可见其在徽州人心目中的地位是绝对崇高的。尤其那些长年在外营商的远方徽商游子，无时无刻不忆起紫阳书院昔日对自己培育之恩。曹文埴返乡后倡议复建古紫阳书院之举，与两淮盐商鲍志道一拍即合，深受徽籍商贾们的资助与支持，其原因乃在于双方长久利益的相互驱动。官僚士大夫曹文埴的父辈祖上也是扬州两淮大盐商，又更是从科场脱颖而出的高官乡贤，关心教育人文公益事业而加以倡扬力行，实属当仁不让，与其说曹文埴此举是对其乡里雄村竹山书院文风昌盛的延续和发扬，还不如说是那明清时代的徽州就成了一个以贾代耕、商人足迹遍天下与“十户之村，不废诵读”人才辈出两相结合的儒贾皆盛的区域社会。正因为徽州社会独特的区域个性，使得人们在实际生活中可行的途径往往先从商业贾，后业儒为官。明代歙县人汪道昆《太函集》中有语：“新都三贾一儒，要之文献国也。夫贾为厚利，儒为名高。夫人毕事儒不效，则弛儒而张贾；既侧身飨其利矣，及为子孙计，宁弛贾而张儒。一弛一张，迭相为用，不万钟则千驷，犹之转毂相巡，岂其单厚计然乎哉，择术审矣。”表明了徽州（新都即新安，古代徽州之另称）人业商者不少，这是由于徽地民间有种习俗，人近冠年就要出门学做生意。谚云：“前世不修，生在徽州；十三四岁，往外一丢。”由于重商成习，有许多人迫于生计或其他原因在不及冠年便匆匆踏上了经商的征途，连新婚之别也习以为常，毫不足惜又无可奈何。另有一首诗描述徽州人业商的状况：

丈夫志四方，不辞万里游。

新安多游子，尽是逐蝇头。

风气渐成习，持筹遍九洲。

在明清时期，人和土地矛盾突出，生存压力较大的徽州山区，解决剩余劳动力、谋求发展的路子，除从贾与业儒以外似乎别无第三条路可供选择。这些徽州人的境况各异，大致分三：或先贾后儒，或先儒后贾，或亦儒亦贾，大都徘徊在儒贾之间。这一时期，徽州经商的人数与规模也远远胜于他邑，获得成功的也有很多。一般说来，徽州人“张贾”获利致富后，多热心于振兴儒业，延师课子，以期促成子弟擢高第，登仕途，元吾宗，大吾门，光宗耀祖。既厚利又扬名，名利双收才是徽州人心目中的理想选择。这就正如曹文埴的父亲曹景宸弟兄俩一道遵照他俩自己的父亲曹堇饴的遗训那样，许多迫于生计而只得弃儒经商，历尽艰辛却终于致富的徽州人，在弥留之际告诫儿子：“吾故业中废，碌碌无所成名，生平慕王烈、陶潜为人，今已矣。尔向仁、向学（长、次二子）业已受经，即向策（三子）幼冲，他日必使之就学。凡吾所汲汲者，第欲尔曹明经修行庶几古人……”（汪道昆《太函集》卷五十五，《明处士休宁程长公墓表》）一位临终的徽州老人对自己未能服儒入仕的遗憾溢于言表，而将这种汲汲于子弟业儒的强烈欲望，固执地移植到儿子们的身心之上。正因如此，故延师教子是徽商中的普遍现象。“富而教不可缓也”已成徽州人的一个共识。为了使更多的子弟习儒向学，徽商积极捐资助学，倡建、捐建书院，重教兴学便成为徽商的一种风尚，代代承传，历久不衰。徽州是徽商的父母之邦，是其根基之所在。徽商致富后这种惠及桑梓的善行义举，对家乡故里的影响是多方面的。一是提高了一代代徽商的文化素质，使之经商更富于理性；

二是培养了徽州莘莘学子，搏击科场，跻身仕途，反过来又成了徽商的政治靠山；三是造就了一大批徽州学人，推动徽州文化学术的发展；四是发扬光大了重教兴学的社会风尚，对后世传统产生了深远的影响。

曹文埴亲笔题额“古紫阳书院”牌坊，迄今仍古朴端庄地屹立在问政山麓的文公泉畔之东南甬道上。像那文公泉的井水味极甘洌，用以沏茶味醇可口，有人远自城西仍不辞辛劳前来提此文公泉水一样，曹文埴主持复建该书院时所撰写的两篇有关著述《古紫阳书院记》和《古紫阳书院续记》，依然勒石刻刊于现在歙县中学后边山上该书院旧址的壁间，仍旧传诵于徽州歙县历史文化名城的后人中。如今古紫阳书院成为县级重点文物保护单位，基本保持原格局，存有朱子殿、道志舍、德据舍、依人舍、游艺舍等。在朱子殿内，存有康熙皇帝御书的“百世德师”匾、乾隆五十五年程瑶田书写的“古紫阳书院规条”石刻。

第三节　娱母的徽戏班子进京献演为京剧奠基

曹文埴户部尚书借口奉养老母乞归，于乾隆五十三年（1788）年获准，回家途经扬州，向继承祖业盐商的长兄曹文境言明欲办戏班以娱母得到大哥的支持，便从扬州招募了多名昆腔艺人，还选拔了一批伶童，带回到雄村老家，组建起“华廉家班”，时常与在乡管理家业的二哥曹文塾一道于自家府后花园“非园”内演戏给老母亲朱太夫人看，虽然日享天伦之乐，领略田园风光，但总不免心忧朝政，不时露出郁郁不乐之态。母亲默察儿子心情恐其致病，乃吩咐大儿子文境陪伴弟弟一同游黄山。从乾隆五十四年（1789）旧历七月二十四日由雄村启程，同行的两兄弟外还有友人后村和侄儿伯厚。到八月初四日，头尾此游共达 10 天，归家后整理游中所作，成《黄山纪游诗》一卷、《黄山游记》一篇，两者均梓出传世。有《归里门》诗云：

嫩凉新爽正秋分，曳杖归来桂已芬。
十日客粘双屐翠，百篇诗贮一囊云。
峰皆创见似曾见，人尽惊闻所未闻。
博得慈颜开口笑，松奇石诡听云云。

秋季游黄山时正景浓，曹文埴奉母命偕兄出游旬日内便双屐变翠，踏遍青山，见似曾见，闻所未闻；硊石何胜，云海何异，松无凡枝，泉沁毛骨，石缝茁草，如画似锦；诸峰穿雾，若即若离；地脉出水，泛似串珠，奇中之奇，妙不可传。归到里门来，博得慈母笑开颜，如此亲情，世间难寻。

前述曹文埴让老母在“非园”内观看“华廉家班”演戏，颐养天年。然而昆腔艺人唱的是吴侬软语，老母亲年纪大了听不惯，加上演的多是些折子戏，情节不完整，文辞又很深奥，不能让老母满意。曹文埴一片好心孝意，却未尽母亲兴致，心中不是滋味，便向其族兄诗人曹学诗诉说并商量。

曹学诗，字震亭，一字以南，生于康熙间，殁于乾隆末年。乾隆戊辰（1748）进士及第，座主为常州沈归愚（德潜）太史。官湖广麻城崇阳县知县，颇有文才政绩，以未入翰林院不乐，调任内阁中书，告归。尝纵游吴越楚豫、齐鲁燕赵之地，渡黄河，登泰岱，南访栖霞，北历太行，归而奉母于翠徽、金竺间。家葺旧居，辟小园半弓，置数奇石，莳花种草，有老梅数本，与松涛竹籁相答，诗酒自娱其间，安贫著述，泊然寡营。他工于诗赋文辞，与诗人黄仲则友善，黄仲则每歙游，必访曹以南谈诗。雄村竹山书院建成，曹学诗撰《所得乃清旷赋》饰之“清旷轩”的正壁。所著甚丰，诗作尤多，计有《香雪文钞》《香雪斋制义》《笠荫楼诗钞》《黄山诗钞》《古诗笺意》《易经蠡测》《经路通》《宦游集》等八种传世。其中《香雪文钞》皆骈文，前有乾隆十年让溪汪由敦序，又有艮斋吴瞻泰序。集中有《黄山赋》《新安江赋》各一篇，只是后一篇依据近代许承尧的评价，“较之许青岩（即许楚，明末诸生，著有《青岩诗集》）作同名之赋，则格卑语薄，不逮远甚矣”。今新《歙县志》艺文编所引曹学诗《碎月滩》：

垂杨夹岸碧波深，碎月滩流晚磬音。
数片落霞飞未尽，扣舷应有水仙吟。

其意境格调尚似高新。

曹文埴听从了曹学诗的建议，扩大家班，采置道具行头，请了懂音律戏剧的门客主持此事，还从太平、旌阳、安庆石牌等地请来老艺人当教师，编写戏剧脚本，制订培植童伶计划，整合不同唱腔。这样，教唱的、教武功的、教身段台步的、管行头的，都有专人负责；演员行当也有专工，经过几年培训，学会剧目不少，增排了整本戏。曹文埴老母朱太夫人看了新戏听了新腔，终于高兴地说满意极了。

乾隆五十四年（1789），袁枚，字子才，号随园，今杭州人也。青年中试，诗为一代宗，性倜傥不羁，喜遨游。著有《小仓房全集》，中以《随园诗话》尤为著名。袁枚来游黄山，便道来雄村谒曹尚书文埴。尚书迎入，持以宾礼，款待甚隆，并邀族兄学诗、堂弟曹城作陪，相与畅游“竹山书院”“崇功报德祠”及“非园”。一日，曹文埴于非园设宴款待袁枚，酒兴正浓时，家优以手本请客人点戏，袁枚谦辞再三。曹学诗在座中属年龄最大，不惯此等虚样斯文，乃首先点戏曰：“状元钻狗洞。”曹文埴恐袁枚误解，乃说：“我点一出‘击鼓骂曹’吧！”第三轮到曹城说：“我家徽昆颇具特色，试演一出‘闹天宫’为袁君醒酒。”末后轮到袁枚，点曰：“思凡。”戏演完毕，袁枚大加赞赏“华廉家班”身手不凡，腔圆字正。

其实，华廉家班之类的戏班，是徽州一带富贵人家蓄养而在自家的庭院演出活动的戏班子。早在明代就已有所谓“家班”的记载：如明代徽州戏剧理论家潘之恒在其《鸾啸小品》中曾经记着他5岁时在汪道昆家观看海盐腔戏班演出，之后在徽商吴越石家多次观看家班演出《牡丹亭还魂记》并撰文总结表演经验，提高家班的表演水平。

徽州的演戏活动在明清时代就极为频繁、极为普遍了，到了乾隆年间更进入历史的鼎盛时期，名优荟萃，竞相献艺，鼓乐笙歌，终年不辍。正所谓“珠喉婉啭如串，美度绰约似仙”，确实是一个巨大的戏曲艺术的消费场所，也是一块哺育戏曲艺术生长的肥沃土壤。

乾隆五十五年（1790）八月十三日，适逢乾隆皇帝八十寿辰，曹文埴应诏赴京庆祝。曹文埴为乾隆皇帝生日特制礼品，除了前文述及的集敬书御制句紫檀嵌银的对联外，深知皇上之所好，就将“华廉家班”更名为“庆升班”作为贺礼，率班进京，庆贺升平。原来准备了十多个节目，曹文埴担心皇上精力不济，只演了两晚，据闻演出了《水淹七军》《奇双会》《闹天宫》《凤凰山》（即百花公主点将）以及《水漫金山》《三挡扬林》《伯嚭回营》《徐策跑城》八个剧目。艺人们在演出之中，边打边唱，边做边说，字正腔圆，声调严谨，举手投足，声腔抑扬，与檀板、锣鼓配合得严丝密缝，恰到好处。戏班中的生、旦、净、末、丑，各类行当尽情展露，发挥所长，演戏唱曲，有板有眼，真个叫“曲是曲也，曲尽人情，愈曲愈妙；戏其戏乎，戏推物理，越戏越真”。接连两晚，皇帝、皇后、诸嫔妃在阁楼垂帘观看，皇上看高兴了连声称好，竟命撤帘以便看个清楚，听得明白。

演出完毕，乾隆皇帝还破例到戏台上去看那班伶童，称赞他们小小年纪却唱、念、做、打样样精到，并重赏了众伶人。乾隆皇帝还问：“你们演的是什么戏呀?”伶童们面面相觑：俺们这戏，昆腔、高腔、拨子、吹腔、西皮、二黄，什么腔调都有，该叫什么戏才合适呢？不好回答。当下静默了片刻，曹文埴情急智生，慌忙跪奏道："启禀皇上，敝班乃徽班，唱的自然是徽戏。"乾隆皇帝点头称道："徽戏，好，还是徽戏好呀！"

徽班"庆升"在京这一炮打响，才使得"徽戏"这个名字自此开始而传遍全国。进京的徽班伶人，多数出身于有着深厚经商传统的徽州，头脑中"贾为厚利，儒为名高"的观念自幼深重；而又成长于徽州盐商的第二故乡——扬州，这在当年是个大商埠、大都会，徽商曾经6次成为乾隆皇帝南巡时迎銮接驾的主要角色，对朝廷还有过大量的"捐输"功绩，赢得了乾隆皇帝的青睐，出尽了风头，屡获皇恩浩荡的嘉奖，可谓沾足了风光和彩头，使商业的示范性深入人心。徽班伶人，正就带着这样的徽商传统进入京都，先从皇宫中的贺庆到朝野的认可，并且很快使得市场戏班的商业化程度得到了提高。其实，徽班同徽商一样具有开放性：能汇合四方之人，五方之音，博采众长，不断创新。徽商把戏剧作为一种公关活动和外交手段，在客观上也促进了徽戏艺术的发展。"商路即戏路"，徽商是徽班巡回演出的向导和桥梁。徽戏的腔调之所以能兼收并蓄，诸腔杂奏，不断演变，创新发展也正与此有关，因为"徽民寄命于商"，徽商在商业竞争中需要文化，为使自己的经营广泛而又稳定，商人们要同社会各阶层取得联系，而最常见的手段便是文化活动，徽戏正是这种文化活动的重要载体之一。在许多徽州商人眼里，戏剧可用来作为炫耀自己"竞相奢丽"的资本，借以提高自己的社会地位，得到精神上的满足。

徽州盐商在乾隆时期于扬州基本统揽了两淮盐政，在两淮的八"总商"中，徽人占其四。乾隆六下江南，每次都要在扬州落脚，迎驾的节目中，演戏是重要的一项，据李斗《扬州画舫录》记载："自高桥起，至迎恩亭止，两岸排列档子，淮南三十总商分工派段，恭设香亭，奏乐演戏，迎銮于此。"除了"两岸排档"的戏台外，还有固定建筑的大戏台，专演整本大戏，深得乾隆皇帝喜爱。富可敌国的扬州盐商，为讨好性喜奢靡的皇帝，在迎銮戏班的道具服装行头上，用所谓“红全堂”“白全堂”“黄全堂”“绿虫全堂”，备极其盛，做足了文章。由此徽班在不久之后获得进京为乾隆皇帝祝寿献艺的大好机会，而曹文埴这次所带的由华廉家班改造成的“庆升班”可说只是徽班进京刚刚掀开序幕，初次让皇家、王侯、官宦之族开了眼界，拣了个徽戏的彩头。翻打念做唱，生旦净末丑，“徽班进京”大大展示了徽风徽韵，实属剧坛一大盛事。徽戏不仅称雄于京城，而且成为影响全国的大剧种。自此，由徽商蓄养的扬州花部“三庆、四喜、春台、和春”这四大徽班先后进京，对诸种腔调兼收并蓄，且顺应时世改革剧目，以“色艺最优”的表演赢得观众的青睐。徽班声誉鹊起，与日俱盛，“戏庄演戏必徽班”的记载见于《梦华琐记》中，从而为日后国粹京剧的形成和发展奠定了坚实的基础。历史毕竟是不容抹杀的，曹文埴家的“华廉班”是徽州戏剧第一个组织健全的科班，“庆升班”是第一个进京献演的徽班，毫不夸张地说，“庆升班”是徽剧的老祖宗，因为它毕竟为后来“四大徽班”进京开了个好头。

第四节 姐劝弟学而后兴建慈光庵

与雄村竹山书院隔着渐江水流清波的对岸竹山，站在桃花坝上放眼望过去，只见篁篁翠竹，郁郁滔滔，在那仅有半里之遥的半山腰里，绿树丛中掩映着一组黄墙黛瓦的徽式建筑，便是曹氏家族的一座家庵，名叫“慈光庵”的古刹。它由两座前后两进、一堂两厢房、二层楼的四合院构成，四周有高耸叠峙的马头墙围合分隔开来。两座四合院双层楼都面向雄村临江对着水面清流，前后之间稍有错位的布局，造型别致优雅，于清静和寂寞之中，细数着往昔的岁月时光。

洪钟响起，法香袅袅，一座鹅黄色的庵庙静卧在篁竹绿荫之中，颇显灵杰。乘船过江登岸，拾级而上，斑驳的门楣上“慈光

村西境景

庵”三字依稀可见，跨步庵内，近 300 年的古朴与厚重扑面而来：“祖庭衣钵遍名山，慈光真谛传奕世。”在雄村人眼中，慈光庵可以说是渐江对岸竹山的一座特具标志性建筑。这座外观颇为气派的庵庙，进门庭院窄小狭长，几株松柏，一树梅花；正中庵堂，天井明朗；佛座龛罩，香烟缥缈，里面结构却是典型的徽派民居建筑样式，象征着佛教在徽州民间乃至官宦之家传播落户的史实。这座古庵堂创建于清代乾隆初年，盛传着一个姐弟劝学的感人故事。

曹文埴的母亲朱太夫人的娘家就在雄村对江的义成村，离竹山不远。她因“悯未嫁之女，无出之妾，死后例不入祠，魂魄无依，慨然而建”（语见胡光熙撰写匾文）。庵的第一代主持，法号智达，是朱太夫人礼聘而来的有道女僧。传说当年曹文埴的千金小姐就在这庵中带发修行，且入庵后从未走出庵一步，意志坚决得令人钦佩。一个尚书家小姐为什么会出家呢？有两种说法：

一说是曹文埴庶出的次子曹振镛幼时读书不甚经心的样子，引起其姐姐的规劝："你这样将来如何登科入仕，继承父业？"曹振镛却回答道："我定入仕为官，必胜我父。"姐姐顺势激他："你若官越父位，我当出家为尼。"姐弟俩打赌立咒。曹振镛自此刻苦攻读，悟性大发，果然不负所望，考中进士，后官至军机大臣即宰相，权倾朝野。姐姐不食前言，决意出家为尼。家人苦劝无效，尚书夫人不忍女儿远离膝下，便借当地俚语"隔河千里远"之说，在渐江对岸原来家庵南侧另建一座同样格式、大小的阁楼，供女儿带发修行。另一说则是曹振镛的姐姐虽然满腹经纶，才华出众，但生来头颅颇大，也有的说她芳龄已过25，婚姻高低不成，自知琴瑟难谐，便决意远离尘世，入山修行。尚书夫妇只好将女儿送往对河家庵修行，便在庵旁修建一幢阁楼供女儿住，后人称此阁楼为"姑娘阁"。父母想念女儿时，过一趟渡船便可见到，或站在桃花坝上也能遥见女儿在楼头的身影，有时还可简单互问对话。

慈光庵历经300年沧桑，未经修理，如今已经显得冷落寒碜。庵堂悬着一幅色彩古朴的观世音菩萨像，庵内悬有一副楹联，联云：

宝笈东来，经归清凉，法藏兰台贯古今；
金人西应，声焦化下，庵启慈光昭日月。

穿过时空的隧道，楹联为人们见证了昔日雄村人的辉煌。每当"风和月霁，素波横川"之际，那若隐若现的竹林之海的古琴一样声波，恍惚历史老人的胸膛发出的长吟，在茹古与涵今之间往复回返，时而掀起一阵风雨，引出一湾细流；时而传出鸟啼莺啭，送来蝉吟蛙鸣。正如徽州大多数的楹联内容都为儒学孔孟一样，以治家励学，修养情操，从善孝敬，慈悲为怀，谦逊明礼，勤俭奋斗作主题，是先哲们对大千世界人生的体味及对后人的教诲。它似一杯茶，味苦能提神；更像一味药，涩舌能治病。"竹声花语皆有情，悲秋伤川又何堪?”那万竿滴翠的竹海琴声，似断突续，递进绵延，如一腔感情的潜流，恰似那“遮不住的青山重重隐隐，流不断的绿水悠悠潺潺”。这情的流泻，感的飞溅，竟把人们融入一个神往心驰的境界：有历史，有陈迹，有故事，有传说，有神话也有现实。在这种境界的凝视中流连着，便能挣脱时间的轮回，超越空间的束缚。果如此，望川休心，听声恬意，情境所至，抒发性灵，荡然在天籁的洁静之中得以妙悟，有何尘世的烦扰不可排遣呢?

不知不觉之间已经走出了慈光庵的山门，伫立在渐江畔的徽杭高速公路边，一眼望去，慈光庵的黄墙黛瓦依旧，昔日名闻歙县水南乡的“慈光清磬”也应依旧吧。

第五节 主考官曹振镛重视连中三元及第的文才

曹振镛“历事（乾、嘉、道）三朝，为学政者三，典乡、会试者各四，衡文唯遵功令，不取淹博才华之士，殿廷御试，为预检阅，严于疵累忌讳，遂成风气”（《清史稿》）。

如在嘉庆二十五年（1820）庚辰科廷试时，广西桂林考生陈继昌因病勉力对策，仅得完卷。该卷虽属最后交纳者，经殿试读卷官批阅，却凭其本身达到的水平被拟定为第二名“榜眼”。但在此前陈继昌已夺得乡试“解元”和会试“会元”两顶桂冠。面对这种情况，体仁阁大学士曹振镛深感“本朝百余年来，三元祗一人，无以彰文明之化”，便主张将陈继昌“改置首列”，结果真“以三元及第”。为此陈继昌的座师借用西晋郤诜在东堂对答武帝之问的典故：“臣举贤良对策，为天下第一，犹桂林之一枝，昆山之片玉”，再结合陈继昌的籍贯，特制图章一枚，上刻“桂林一枝”四字赠给他。这是因为曹振镛久任军机大臣总领内阁，成为名副其实的三朝元老，从彰显文明之化出发，提议将陈继昌由榜眼升为状元，并未偏离法定的录取标准，而是颇有大局观念和文化建设的战略眼光的。本科三份殿试对策鼎甲卷至今仍可完整地查阅到，很难说彼此不处在伯仲之间。唯其如此，在整个由一百一十二科进士考试为主体所构成的清代科举史上，才迸射出仅有两科产生过三元及第者的闪光点来：乾隆四十三年（1778）戊戌科徽州休宁县隆阜人戴衢亨（1748—1811）；本科陈继昌。

其实，戴衢亨的名字之意即路途亨达，确可称为一位福将。他在乡试考举人时，中了第一名，即解元；后在会试考进士时，也考中第一名，即会元。在皇帝主持的殿试时，原来大学士们拟定该科状元是北京大兴县的邵自昌，但乾隆皇帝看了邵自昌的对策全文，虽嫌其中两句与上下文有些不连贯，但并没有打算改变第一甲第一名的顺序，准备拆了弥封露出籍贯姓名就公布，孰知臣下拿起邵自昌的试卷，却怎么也拆不开弥封。皇帝等得实在不耐烦，就吩咐将第二、第三的试卷弥封挪前拆开，再拆邵自昌的弥封仍旧拆不开，直到拆了第四名的弥封后，才把邵自昌的弥封拆开露出籍贯姓名来，乾隆皇帝以为这是天意，就取原拟第二名的人为状元，这人就是戴衢亨，乃徽州历代状元中唯一的三元及第的奇才。然而，戴衢亨早年并不得志。因当时县令看不中他，直到30岁，连个秀才也没有考上，众童生为此抱不平，出资为他捐了个秀才，才能得到省里乡试考举人的资格，接着此后的80天内，他凭着自己的满腹经纶，从乡试、会试到殿试，连中三元，一举成名天下知，夜锦还乡，当地县令听到这一消息，吓得连夜挂印逃跑。后来，他写了一副楹联，张挂在屯溪隆阜戴氏祠堂里，上联是："三十年县考无名，府考无名，道考也无名，人眼不开天眼闭"，下联是："八十日乡试第一，京试第一，殿试又第一，蓝袍脱下紫袍归"。多年积怨的恨意，一朝得志的快感，跃然笔端，为时人称绝。

连中三元者在清代来说，除了戴衢亨之外，再就是前述的本科陈继昌，总共两名，较之宋代则少两名，比辽、金、元则各多一名，适与明代相等。当然，科举制度本属皇权至上的逻辑产物，都是届时政治支配的必然结果，更是封建传统意识和世俗观念驱动下各自向着两极化倾斜与回归的典型表现；但是聚焦到一点，均与在位执政的帝王、各科主考官的个人素质密切相关。因为皇权尽管赫赫扬扬不可一世，但仍要靠人去行使，政治终究要靠人去应对，观念形态的东西终究要靠人去把握。曹振镛办事小心谨慎，恪守封建道德，悉遵章法，务得大体，所以颇受皇帝的宠信，在殿试预检上也可说算得一言九鼎式的人物了。

村边远眺

有史学家却认为，曹振镛任宰相期间，过分拘泥于旧章陈规，致使国家停滞不前，乃至说他应对他死后几十年的国家衰败承担部分责任。其理由有二：一在科举方面，他偏重书法，不注重文章的实际内容，致使许多真才实学的人名落孙山，即使考中进士，也不得重用。如在道光二年（1822）曹振镛任会试总裁，黟县人俞正燮应进士试，凭他的学识和名气，人们预料必定考中，但因他的思想不合儒宗，曹振镛就摈弃了他，且扣下俞的考卷。副总裁阮元有意取俞而问及考卷事时，曹振镛对阮元说："吾平生最恶此琐琐者，已摈之矣。"二在用人方面，他喜欢唯命是从、没有见解的人，因此许多唯唯诺诺、平庸之辈都官运亨通，结果使朝廷会议成为一言堂。许多有独到见解的人，也不敢言论，纵使有切中时弊的革新方案，也被束之高阁，从而使国家无法应对来自西方革新的商业和政治势力的冲击。

另外也有学人尤其是乡里族人认为，曹振镛自以为国家需要的是"英才"，既具有"远识""文才"而又具有"干才"的人。他对那些"皓首穷经"的儒者，只是同情而不取用，认为那些人只能作一县之"广文"，致力于自己的研究，成为一代可数的"学者"，如让其为官治民，往往会因事而玷污名声的。

在会试中，曹振镛果然选取了一批英才，最著名的如：林则徐、陶澍、程恩泽、潘世恩、龚自珍等。可是这些人，在曹振镛于世时却未得到大用，是因为他最厌"门户之见""官出私门"，常告诫门生："主上圣明，人臣不患不能作大官，但患自己无才干。"门生们也领会老师的心意，从不妄求高位，只是勤加磨砺自己。林则徐的《林文忠公文集》就多有感戴恩师曹文正之语；陶当上两江总督后，对人谈及曹振镛时都称恩师；程恩泽曾官侍郎，有诗《青灯有味图为曹太傅师作四首》之第一、第四首云：

写此青灯味，时当儒慕天；
尚书亲讲授，星使屡回旋。
寝馈五千卷，飞腾三十年。
秋堂风露好，梦绕短檠边。

高文才八斗，巧对璧双联。
捭掌怀三五，传灯遍大千。
诗书真可恃，虹月至今悬。
何以答明主，每朝犹百篇。

诗中多见赞恩师语。龚自珍乃清代思想家兼文学家，都尊重这位恩师。由此可见，曹振镛毕竟还是识英才的。

第六节 宰相为长辈出殡两次坐棺材

曹振镛是一个孝子，也是一个对宗亲十分尊敬的人，只是由于“克勤克慎，实心任事，首掌丝纶”，亦步亦趋地仿效道光皇帝节俭之处，在服饰、饮食上崇尚恭俭，尽量节约。所以在京为官多年，其极少有暇归里省亲，但平日里却常思念故里，他的《忆家乡风景》诗云：

已离乡国欲归难，日日肠回似转丸。
晓日初烘樱挂树，春雷迸响笋穿竿。
梨花白处风兼淡，梅子黄时雨带酸。
景物关心重惆怅，何年返棹过岩滩？

可见他对家乡风物景色的记忆是何等犹新，惟妙惟肖，思归之心又是何等丸转回肠；樱挂树枝头，笋穿竹竿梢，梨白风清日，梅黄酸雨时，此景此物，惆怅之意重重；乡关乡境，岩滩之势历历，何年何月方得买棹返故乡！

曹振镛对自己的生母十分敬重，是个孝子，当地村民流传着“曹宰相出门坐棺材”的故事。讹传他的母亲是个丫鬟出身的小妾，90 岁病故。按照曹氏族规，这样身份的妇女死了，她的棺材不得由大门抬出去安葬。曹振镛从京城赶回老家奔丧处理母亲的后事，但是在那封建社会里，即便是身为一人之下、万人之上的宰相，也无力改变生母的命运。为此，曹振镛于心颇为不忍，总想乘机让母亲扬眉吐气一番，于是，他准备用最隆重的仪式来为母亲办理丧事。

出丧的当天，曹府素妆淡裹，热闹非凡，16 人抬着棺材，数百人送葬；喇叭鼓手，鞭炮声隆，悲天恸地，一片哭声。可是当棺材刚刚抬到大门边时，却被族长、乡绅们给挡住了，他们说："国有国法，乡有乡规，你曹相爷深明大义，可别毁了家乡的规矩！"这一下可让那16个抬棺材的人作难了：后面跟着催的是宰相爷，眼前拦挡着的是族长爹，半斤对八两，谁也不敢得罪。在这无可奈何的情况下，只好谁让他们抬，他们就抬起来走；谁叫他们停，他们就放下来。曹振镛见此状，心中想起早年替族叔曹城坐棺出殡的往事，暗自说道：你有你的道理，我有我的办法。随即脱下麻布孝服，挂在棺材的前边头上，吩咐随从为自己穿上带来的相服，戴上相冠，众人搀扶坐上棺材头。顿时，大门外边传来轰轰的礼炮声，震得族长、乡绅们一个个目瞪口呆，丈二和尚摸不着头脑。"相爷出府了，快快让道。"随着人们的吆喝声，族长、乡绅们纷纷闪开，曹振镛端坐着16人抬起的棺材，威风凛凛地出了曹府大门。

曹振镛亦庄亦谐的为人风度，孝子骑亲母棺材出殡实乃出于无奈，也是身为宰相的他一片孝心，确令族长、乡绅、地保无话可说。其实，对他来说，坐棺材出殡的事在以往已经替族叔曹城办过一次了，所以胸有成竹，从容应付，处理得宜，两不违渎，令人衷心钦佩。

曹城，即前述曹文埴邀着一道陪袁枚做客游雄村并饮酒看戏的那位堂弟，字仲宣，乾隆辛卯（1771）进士，官至内阁学士礼部侍郎，知已未会试贡举，充朝考阅卷官，调兵部侍郎，居官公正廉慎，清节自高。嘉庆年间，奉命主持深州（今河北深县）乡试，入闱后，因校士辛劳，突患重疾。旧例职官病重，必须移出官廨在外就医。只因试榜未发，不能启封开门，以致殁于试院内，而官署从无出殡之事，以此监巡抚甚感为难，于是奏闻皇上，又通知曹振镛，因曹城是曹振镛的族叔父。皇上深惜之，命曹振镛驰赴深州处理善后。

曹振镛深知官署从无出殡之事，而曹城系朝廷二品大员，因公病逝，不能亵渎自边门抬出，因此必须找一个两全之策。巡抚闻曹振镛至暗中窃喜，便将此难题推托给曹振镛处理。曹振镛从容地请深州府县备办伕马船只，次日早晨出殡时，曹振镛着官服坐于棺材上，前导用“工部侍郎”“翰院掌院”曹振镛的衔牌，鸣金喝道，抬棺材出了试院后，再用“兵部侍郎”“钦差学宪”曹城的衔牌，把灵柩送到船上。

巡抚等官见曹振镛处理得宜，衷心钦佩，事闻于皇上，嘉庆皇帝亦加赞赏。

第五章 非园吟咏痕迹和小南海佛寺风光

俗话说：好山出秀水，好水育名人。徽州历来山清水秀，英才辈出，影响中外，名垂千古。仅就区区歙县这一全国的弹丸之地，在清代，就出了四个宰相，其中雄村这一偏僻的小山村，还出了一个“代君三月”的宰相曹振镛。

历史上的宰相容易当上吗？否！明太祖朱元璋说过：“非进士不入翰林，非翰林不入内阁。”这就是说，考不上进士的，不能进入翰林院；没有在翰林院里编校过史籍，不能当宰相，这是一。另外，还要为皇帝讲过书，写过文章，当过六部尚书，为朝廷建立功勋，为皇帝十分信任的人，如此等等，比上天摘星星还难。当然，话又说回来，历代当上宰相的并非个个雄才大略，运筹帷幄，决胜于千里之外。有的碌碌无为，以阿谀奉承为能事；有的甚至卖官鬻爵，兴一国之浊浪，遗臭万年。其实“一人之下，万人之上”的宰相，其为官之道，除了修身齐家治国平天下的奇方妙术之中，还要能洞察宫廷内外、朝野上下、官民之间的瞬息万变的社会风貌。

雄村历代多名流，曹氏家族人文郁：五子同科登进士，一门四世夺经魁；父子两尚书，同朝三学政；代君三月的宰相，五世一品美名留。雄村之所以一时间名臣迭出，儒士纷呈，靠的是古徽州人那种爱读书、重经商的气象。随时随地都可见到：贾为厚利，儒为名高。这就是说，做生意为谋取利润，读书为博取功名，赚钱为子孙，使子孙有出息，就得让他们读书，从而形成贾

岑山小南海前景

服儒行、贾而好儒、亦儒亦商的良性循环，这种功名利禄的心态在徽州古民居的“三雕”（石雕、砖雕、木雕）建筑艺术品艺中都可以找到许多印痕。例如“三元报喜”“月宫折桂”之类的窗棂木雕图案，就是这种以物喻义、以情寄物、情景交融的表现形式，代表了徽州人那种含蓄内敛富于想象的审美心理。“头一等好事只是读书”，徽州人这种重学崇教的思想历来根深蒂固，明清时代即是“十户之村，不废诵读”。有教无类的主张促使平民有受教育的机会，从而形成了徽州“村小士多”的泱泱大观。雄村亦不例外，莘莘学子，日夕诵习讲贯其中，贯日累月，茹古涵今，穷经研史，相互激发，而有“五子登士科”“一门八进士”“父子尚书”“代君宰相”的盛况。

第一节 宰相府茹涵堂后忆非园

城阳山上翠微峰青寂寂，新安江上游渐水碧盈盈。坐落在这青山碧水间的雄村，历史悠久，人文荟萃，既饱浸在徽州文化的深厚内蕴中，又自身散发着浓郁的徽文化芳香。走过竹树葱茏和青青的山、粼粼的水，沿着被岁月磨得凹凸不平的青石板路，曲径通幽，从村边绕过去，便是那开阔的村落。

雄村的村中间有一处当年在徽州显赫一时的茹涵堂遗址，长92.7米，东边宽73.2米，西边宽45.6米，占地面积约6136平方米，周边还残存着部分一人多高的围裙石。这就是后人称之为“宰相府”的一座原有108樘门槛的大宅院，一品高官的尚书和军机大臣，曾在此一度运筹帷幄，叱咤风云，可惜咸丰年间兵火之灾将其夷为平地。

茹涵堂遗址地基

茹涵堂原来是坐北朝南的取向，背倚南山即城阳山，面对渐江，建筑自是宏伟富丽，气象蔚然。尤其是茹涵堂后边的相府花园沿袭上代老人的称呼，名叫非园，此乃一座占地面积约1.4万平方米，比整个堂址面积大两倍半左右的宅第庭院与园林锦地，昔日楼台亭榭，桃林荷池，玲珑曲折，蔚为壮观。“十里红云飘花瓣，一泓碧水郁林源。”据老人们回忆，雄村昔日的园林壮观幽雅，或依山坡选址，或沿溪水流向而建，或凭主人心态而设计，粉墙黛瓦，飞檐翘角，星星散布在绿水青山之间。前庭后院，开池挖井，溪水架桥，盆景花卉，短垣花墙，门罩漏窗，雕工精湛，情调雅致。在曹姓权贵中，以曹文埴的非园为最。它充分发挥当地大好山水的新安江画廊的优越条件，因地制宜，巧于因借，将天然景色裁剪入园，富有山地特色。南山脚下，渐江水边，无地非园，也到处尽是非园，游人何处认非园？是则非园之名得其实矣！同时它又运用景点题名来传达意境信息，将文学诗赋与造园艺术完美结合起来，虚实映衬，妙趣横生，意境蕴藉，回味无穷。难怪当年一代诗宗袁枚游罢黄山，受曹文埴在家府迎接款待，使得诗人足足在雄村竹山书院和非园内逗留了半个多月，袁枚对非园景色十分景羡，赋诗咏叹，其中有句云：

墙外风帆入座飞，林中怪石迎人揖。
层层水木湛清华，对景怀人意倍加。
……

园中勒有《非园记》，署其后曰“枫亭老人记”。枫亭老人者，乃曹文埴之父曹景宸之别号也。园内还碑刻有曹文埴养亲归里御笔诗，是乾隆皇帝所赠赐。

传言非园一年四季没有一天无游人，唯春天时候尤为盛多，凡是到岑山“小南海”烧香拜佛的必往观光非园。游人中常有在园中迷路的，园丁导引他们方始出得来。文人墨客游踪必到，例如，王茂荫、曹鸣銮等名流学士，他们自己说“虽往来亲戚友家，手少释卷”，但在此景色迷人的非园之中，却“时则卷置怀中竟日”，常于园中信步吟诗作赋。特别有意思的是当年雄村才女江福宝《采渝女史诗钞》一书中有关非园的诗，足可体味一番该园怡人的风光。江福宝，字绥多，歙北江村人。嫁给雄村曹荣，号子渝，故自号称“采渝女史”，能诗，著有《话茗斋诗集》，同邑侍郎王茂荫、李绚春女史及叔翁曹左波为之作序。年方 24 岁因伤次儿之死悒恹病卒。其诗一，《非园看杜鹃金丝蝴蝶，时芍药方舒，荼蘼乍放》云：

金丝朱绦露几线，石公松子慕丰姿。
杜鹃栖锩终成血，蝴蝶飞残欲下枝。
浴水池塘来翡翠，临风院落挂荼靡。
当阶看遍余春景，莲叶亭亭立水漪。

其诗二，《非园红豆树》云：

红豆花，相思树，非园红豆真堪誉。
千古盘根不计年，相传种自郎家祖。
夏时浮水润灵根，冬令园丁勤壅土。
繁衍郎家世数传，花开亦自阅今古。
三年一见复三年，开遍非园经几度。
秋暮凌凌坠角时，蚕丝累累悬红缕。
主人度度看花开，花开度度非园主。
前番闻说花盛开，秋冬子结难兼数。
是年花子倍寻常，平阳相业克绳武。
今岁花开花亦然，秋来子结宜多取。
子结秋高兆鹿鸣，宜郎万里成鹏举。
郎今买棹白门游，奇文定有惊人句。
锦标夺得早归来，征人莫学孤期戍。
愿郎常诵白头吟，愿郎还忆相思树。

另外，曹文埴后裔曹鸣銮曾与王茂荫等游于园中流连久日，写有《非园杂咏十二首》对非园内有景十二处逐一吟咏。这些景点的名称是：欲榜斋、得此山房、排青榭、听雨窗、广寒梯、春风领袖亭、学圃、旷如亭、玉照轩、证一亭、蹑云蹬和水香亭等。近年族人曹瑾于庚辰年八月阅江福宝《话茗斋诗集》遗篇，知其中述及非园中尚有牡丹苑、芍药圃、梨香院、杜鹃栏等景名。再者，袁枚曾游非园之所以肯一而二、二而三地在此间被挽留而逗住了旬余日以上，度其诗集中当有佳作涉及，可惜未能录得。后来袁枚返南京也仿照非园造了一座“小仓山房”，又称“随园”，尝环山作沼，自恨终不如非园那么巧夺天工，宏丽壮观。

从以往诗人吟咏非园的词句中，显然只能稍事领略该园宜人风光之一斑，况且诗文又是仁者见仁、智者见智的，岂能将如许生动景致详描细写，使这样令诗文作者耳熟能详的感悟，触景生情的心态，一一诉诸笔端。然而，非园当年的胜景佳迹，山水园林，系本于自然却高于自然，涵蕴意境又孕育人文，因地制宜又巧于因借，将天然造化与人工山池糅合成一体，剪裁天生野趣，配置垒石、花木、溪流等造园诸要素，因势利导地运用地形、地貌，扬长避短地修筑亭、榭、桥、碑等建筑小品，趋利去弊地压巫镇邪，使水容山态、村霭墟霏，尽收园内，人伫立其中，尽享天人合一、物我两忘的乐趣；天容寥润，云物鲜华，水鸣潺潺，石露拳拳，沙平如际，麦浪乘风；景景皆入画，人在画中居。

近年来，有研究《红楼梦》的学者曾提出，曹雪芹笔下的大观园，其原型就是当年名传四方的雄村非园。虽说这仅只是红学家故作惊人之举的一家之言，但也表明非园在人们心目中已属非同一般的了。其实，非园是曹氏茹涵堂的私家花园，初建于曹文埴的祖父曹堇饴之手，其时规模尚不广，之后曹文埴的父亲曹景宸即枫亭老人扩建勒石《非园记》，再后曹文埴退养归居又扩而充之，以至于占地20余亩，才有最终的盛大规模和赫赫扬扬的宰相曹振镛的后花园胜貌。

曹文埴归养返故里时为乾隆五十二年（1787），只有50岁，而曹雪芹已逝世20多年，生前仅有其到过徽州的传说，未必有到过雄村曹氏非园羁留的记载。尽管这似乎有谬于历史时间，但也有另一种说法，就是当年曹文埴在京为官赴扬州、南京一带公差，特别是接驾乾隆皇帝二次巡扬州，他和父亲曹景宸与江宁织造兼两淮巡盐御史曹寅之间肯定有过交往，商场交往之外，或许还有官场应酬和诗书交流。况且，前述周汝昌所谈这两个曹家的交往时，并出示了《墩头曹氏秘书家乘》为曹文埴所书的题字。曹文埴自称“徽歙忠武公裔同宗后学”，足见墩头曹氏与新安曹氏有渊源关系，并非攀附也。另外，据《歙县志》上记载：歙人中有一位叫姚潜的才子，明亡后无意做官，以诗酒自娱，曾被荐到曹寅家中蒙馆任教达 20 多年之久，与东家关系十分密切，85 岁辞世时，曹寅厚葬了他。他对曹雪芹家事了如指掌，兴许教过曹雪芹一辈弟子，所以在曹雪芹笔下的大观园中怡红院和潇湘馆等里面，难免有着歙县雄村的徽州园林影子：稻香村内“主人凭虚而眺，则五谷垂颖，田家之至乐也”；潇湘馆“数楹修舍，有千百竿翠竹掩映”；悼红轩间，“一望西畴，波平绣错，秧针濯雨，麦浪乘风，倚槛课耕，可与家人劝相”。

尽管曹雪芹的父亲曹頫祖父曹寅是与曹文埴的父亲曹景宸和祖父曹国昌几乎同时代的人，都是官宦世家和同朝盐吏，也寓住扬州过，彼此之间不无交往，但曹雪芹是否来过徽州、见过雄村非园，就《红楼梦》一书的完稿所描写的大观园盛景来看，其中确实不乏徽州第宅庭园的影迹。徽州庭园在设计理念上往往借助于对比、因借、过渡、渗透等手法，普遍利用矮墙短垣、漏窗、隔扇、槛窗、门洞等构件，以扩大空间，借景入庭，增加景深，丰富景观，美化环境，愉悦身心。第宅庭园中的植物多为梅、竹、兰、菊、芭蕉、石榴；盆景多为罗汉松、古梅桩、黄杨木、万年青、天竺，讲究诗情画意，品格修养，物我一致，天人合一。庭园以其独步绝伦的三雕（木雕、砖雕、石雕）给人以徽刻艺术享受，又以其精美名贵的各式家具给人感受徽州生活艺术、工艺美术的洗礼和熏陶。

如果回眸徽州古典庭园建筑的色彩，可说是一枝独秀。粉墙黛瓦与自然本色相依相融的园林，正适合青山绿水、小桥流水、行云野鹤的自然环境；园林本身就是为了给人养性、怡情、品读，使之观赏、评价、联想三部曲得以同步进行，实现审美活动的目的。因而，徽州园林建筑的色彩都是一些冷色调，并与白色墙壁形成强烈的对比，佳木葱茏，奇花闪灼，花影扶疏，暗香浮动，又冲淡了墙面强白，形成良好的过渡，增加恬静悠闲的气氛，一点都不含扬威、露富的想法，这就是程朱理学氛围支配下徽州人的含蓄不张扬的心态。正如德国大诗人歌德所说："自然造人，人造自然。人从广阔的世界里给自己划出一个小天地，这个小天地就贴满了他的形象。"曹雪芹的《红楼梦》在对大观园中各色人物居室赋色时大都各有一种突出的色调：怡红院里绿芭蕉、红海棠，屋内大红销金撒花帐子，艳红中带有金辉，表现出贾宝玉这位"富贵闲人"的尊贵地位以及钟情于女儿的爱红的癖性。潇湘馆"翠竹夹路，苍苔满地"，室内长年映进带有凉意的绿荫，显现林黛玉终年忧郁悲苦的心境。如此等描写之中似可找到徽派园林的踪影或痕迹，虽显得牵强一些，附会有余，但也只能算是一家之言吧。

雄村曹家的茹涵堂宰相府及其后花园的非园，在兵火中化成一片废墟。清代杰出理财家王茂荫少时与曹子渝兄弟同在潘让斋前辈塾中从学，曾游其水口与家园，后为江宝福《采渝女史诗钞》作序，文中言及非园中"有山、有水、有磊石。至于花木则不胜计，大都未目睹者，招来林鸟不一其种。其楼、台、亭、榭、径、路，玲珑曲折。四时无日无游人，惟春时尤盛，凡朝小南海烧香者必往观之"。从王茂荫序文可以看出非园佳丽胜境，且当日已广为开放，几同公园了。惜乎他"以作宦有年归里时，值兵火之余，相府已成灰烬，非园已毁矣！"尽管在劫后余生的曹子渝以及王茂荫等人的眼里，一片狼藉，满目凄凉，真个是"榴红蕉绿逢端午，花甲年华铭肺腑。人真无欲谈何易，一代风云归故土"。

时至今日，在非园残留遗址上仅存一口花园古井，一棵同根五干的大樟树和两棵梓树。大樟树主枝有五，因当年曹景宸枫亭老人为纪念乾隆庚辰曹文埴等曹氏“同科五进士”的盛况而手植的，至今尚枝繁叶茂、葱郁之甚，村民俗称“五子登科”古樟也。据说另外两棵梓树还是曹文埴从京城带回来栽植的。这座绝世名园和茹涵堂一起早已化作历史的尘烟，园址屡经世变，已荡为荒芜蔓草，竹木丛生，突兀出这三棵参天古树，昭示着往昔“主人度度看花开，花开度度非园主”的繁华已成梦境，宰相府里“竹报平安春水碧，坝上桃花醉人时”的盛况一去不复返了，只落得个“陋室空房，当年笏满床”，一曲悲歌，夕阳残照晚；衰草枯杨，波摇银影际；月上竹梢头，地旷空悠悠。只是曹家茹涵堂遗址附近地段，却仍然是依山傍水、鸡犬无惊的一派桃源景象和田野风光，可惜当年的辉煌显赫、怡然自得的景致，早已逝去了。祖宗田宅，换付儿孙；厅堂院舍，易主他人，充分表明驹光鼎鼎，人事荒荒，今非昔若了。

庆幸的是，雄村这一历史文化大观园，作为一个傍山崖、依山湾的小山村，缆舟来往无牵挂，沙鸥点水轻波漾，数百年间演绎了一幕幕人文荟萃、家族显赫的人间巨剧，创造了太多的辉煌，赫赫扬扬上百年，如今虽然屡经世变，雄村曹家非园主人早已如同那位心造“大观园”的同宗曹雪芹一样败落了，但不同的是大观园已成“梦魇”（俞平伯语）或“红魇”（张爱玲语）般的断垣残壁，而竹山书院前的清旷轩却清芳永存。

今天，为了维护竹山书院这一古典水口园林和书香胜地，早就把小学迁到南厅、孝思堂老祠堂的旧址上建成新校舍；而在非园那片空旷的废墟上，建立起一座焕然一新的雄村中学了。

第二节　江岛岑山寺庙的佛门教化

从雄村南面沿着渐江上溯到航埠头、柘林、岑山渡三村的交汇处，江中隆起一座小岛，名为“岑山”，又名“小焦山”，如一“大元鼋兀立江中”（许承尧语），是新安江上游第一岛，四周环水，风光秀丽，旧为一佛门圣地，俗名“小南海”，是相对于钱塘江口杭州湾的普陀山“南海慈航”而言的。明代弘治《徽州府志》称小南海“郁然孤峰，溪水环之”，溪声绕径，树色入楼，风景绝佳。

岑山岛上怪石峥嵘，周围四面皆水流，原先高三十丈的山间“松桧插天，四时青翠”（程庭，字且硕，著《春帆纪程》中语），是新安江上一处不可多得的胜景，早在唐末五代吴天佑八年（911）建有“周流寺”，取四周皆水流之意。“溪流无岁月，堤树有春秋”；“云埋殿阁周流寺，春水冲撞复到山”。岑山突兀江中，有如中流砥柱，水分腾蛟，云坠天马，舟棹东西过，渔樵上下通。北壁稍下曰“郑公钓台”之一处，上有云根石，汪仲淹篆，字径八寸，最为胜境。历代不少文人名士为称颂如此佳境美景赋诗作文，都有吟咏。

非园遗址上两棵梓树

元代高隐、著名学者和教育家郑玉，字子美，号师山，歙县郑村人，乃“贞白里”郑千龄即贞白先生之子。颖敏好学，钻研

《六经》，尤精《春秋》；官翰林侍制，称病辞归后，任教于师山书院，“师山勤设教，净土乐成仁”。郑玉在此书院培养了一批在新安理学史上享有盛誉的知名学者，并著有《师山文集》等书。他曾在岑山岛上结屋而居，隐逸读书，遂自己平生之意：“弃干禄之学，绝进取之心，投迹山林，身耕垅亩，自食其力，无求于人。暇则诵诗读书，以著述为乐。”（《师山集》卷一，“上鼎珠丞相”）郑玉写有《岑山》诗云：

巉岩出尘世，孤立泛层波。
树色连溪色，樵歌和棹歌。
水流分夹屿，岗断起重坡。
仿佛蓬莱境，真诚跨鹤过。

郑玉所居之屋称“师山读书楼”。他常垂钓之另一处是在天马山脉一支的师山附近，名叫富登（墩）渡口的崖间有一钓台，由明平章余廷心篆书刻石“郑公钓台”四字。今钓台及石刻均在，可供观赏。明成化二年（1466），翰林院编修，礼部右侍郎程敏政有《富登钓台》诗一首云：

相公湖边一拳石，截断湖光三百尺。
射蛟人去今几年，虽扫云根看遗迹。
师山先生性爱山，偶然得此青孱颜。
临流坐钓不知晚，渔樵并载扁舟还。
武威余公天下士，特与先生题篆字。
良工刻入断崖傍，遂使溪山增胜事。
一朝海内风尘生，两公死国如弟兄。
平生隐显虽异迹，竹帛同垂千载名。
腥风雨后潮初落，足蹑苍台俯幽壑。
钓丝已逐野烟飞，字画多为古藤络。
师山之节峻且孤，武威之字人争摹。
忠贤所遗众所宝，泉石清奇何处无。

这首诗讴歌了富登渡口的美丽景色和郑公钓台的雄姿胜迹，也抒发了景仰桑梓先贤的诚挚情怀。

清康熙八年（1669），因岸南的“岑山渡”村程姓家族请得康熙御书“星岩寺”额，并题柱联十字云：“山灵钟瑞气，溪色映祥光”，重建寺庙而改名。星岩寺前是青石板铺砌的平台，寺周围用麻石条筑成护栏。凭栏远眺，绿树翠竹，交相掩映，村庄房舍，错落其间；更见那环流荡碧波，远山叠玉屏，秀丽景色接江天，皆一一尽呈眼前。

传说当年岑山小南海，香火缭绕、木鱼声频，晨钟暮鼓，经诵常吟。殿里还有一尊稀世珍宝：“粉金的肉身菩萨”。各地善男信女接踵而至。海天佛国，观音大士南无大慈大悲，千手全脚，蔚为壮观。看到清乾隆己巳年（1749）首刻的方士撰《新安竹枝词》三十六首之一中所述歙地佛事盛况如下：

观音大士著慈悲，诞日烧香远不辞。
逐队岑山潜口去，相随女伴比丘尼。

旧时民众大多既拜佛又敬神敬祖宗，但许多人只是有求于佛才临时进庙寺烧香，请僧尼做佛事，而平日里并不真正信仰佛教。每逢观音菩萨生日，远则成群朝拜九华山，近则结队上岑山小南海或去潜口观音山朝拜。民国九年（1920）前后，星岩寺有众僧20余人，收入全靠每年二月十九、六月十九、九月十九日三次香会，每次收入大米200担以上。星岩寺内除观音大士莲花座的大雄宝殿宏大辉煌外，另尚有殿右临江一座客厅小阁曰“昙汛”，境最幽邃，实大半悬空而筑在峭壁上，下面一落千丈，岩石嶙峋，江流急湍；风浪潮滚之日，尤见奇险，惊心动魄，烟波浩渺，肖似梦幻之佛地洞天。从昙汛阁倚栏下望，目光透过绿叶青枝间的空隙，能看到江上来往的行舟，划破波光粼粼的水面，景色十分宜人。如果下岛登岸远眺，则小岛与行舟倒映水中，如镜如屏。李白《清溪行》所吟咏“人行明镜中，鸟度屏风里”，正是这里的真实写照。

近代雄村族人曹靖陶（1904—1974），名熙宇，字惆生，号看云楼主，系前述诗人、化学史家和画家曹元宇教授之三弟。善诗，尤以五言诗蜚声诗坛。著有《看云楼诗集》《中国戏曲艺术家人名词典》等。其《岑山星岩寺晚眺》云：

古寺宜青山，因之山上筑。
山亦宜古寺，终年称意绿。
我意本乐山，况兼云水间。
坐此起相望，岚光破孱颜。
鸟哢入窗来，樵歌又窗外。
日落暮烟里，石涧流清濑。

足见岑山山水风光之幽胜，星岩古寺云烟鸟语之清秀。渔曲樵歌吟咏，妙在即物赋形，着意穷神尽兴。

许承尧《疑庵诗》中涉及岑山的诗有《游雄村竹山书院三首》之三和《游岑山星岩寺》，分录为下，前一首诗作于1928年，居歙：

渐江佳处数岑山，碧水明沙朗玉环。
倘种梅花三万树，定应鲜秀绝人寰。

后一首诗作于1925年初冬以后，由京返歙：

低岗耸拳石，四面环明漪。
雪消盘陀滑，水落帆樯稀。
星岩寺门古，御笔前朝题。
凭虚敞轩窗，石耳瞻嵚崎。
戴白意逾远，重叠衔妍曦。
炊烟四五村，俯与平畴齐。
寒潭净无滓，嘉木冬不萎。
伊人昔来游，今隔天东西。

山中别一世，静不闻鼓鼙。
逍遥暂忘忧，缓缓箯舆归。

诗人面对渐江的碧水明沙，潭涵天光，心怀眷恋乡情；眼望岑山佳境突发奇想，倘若江中孤岛之上种遍梅树万株，春菲之日岂不是“一江香浸万梅花”了吗？

可惜的是，如今岑山岛上风光难依旧，小南海寺庙已荡然无存，屡经世变，寺址已芜为荒藤蔓草，甚至在十年浩劫中石板、垣砖都被拆光拿走了。残留下的山径荒岛遗迹无法诉说往昔香火盛极一时的辉煌，而这只有从方志文献资料与稗记诗文中去寻找了：“渐江何涟涟，岑山何磷磷！幽绝水南乡，旷洁无纤尘。环居数村落，道古风俗醇。”许承尧太史之诗句，盖实录也。

第三节　岑山渡村的王茂荫墓铭教育

从小南海朝着东南方向望过去，即见一座小村庄，新安江上游的渐江，在这里逐渐形成广阔的水面，恰逢岑山孤岛兀立江中，更显水面浩渺，江天一色。这个村庄原名岑山，今名岑山渡，是程姓家族为主聚居的地方。“岑山程，亦贾亦儒多才俊”的俚语，广传于歙县乡间。岑山渡程氏到两淮经营盐业大约早在明末，程氏第一任著名盐商名叫程量入，字上慎，清初被推为两淮盐业总商之一，其长子程之韺世袭总商 20 年。程之韺于康熙十三四年间为清廷募集军饷，众商踊跃响应，获得奖励，“特赐五品服，为两淮诸商之冠”。岑山程氏在扬州繁衍成大族，淮安、仪征、丹徒等市镇都有其族人定居，亦贾亦儒亦仕。既有著名的程氏盐商富贾，也有岑山程氏在两淮出现的许多文化名人。其中最著名的如程量入之曾孙程梦星，字伍乔（午桥），号洴江，又号香溪。康熙五十一年（1712）进士，官翰林院编修，工诗，又擅书画弹琴，于艺事无所不能。康熙五十五年（1716），程梦星辞官归扬州，专事吟咏，购“筱园”（康熙年间扬州八大花园之一，也是乾隆皇帝南巡时临幸的花园之一）为诗文集会之所，主持东南诗坛数十年，著有《今有堂诗集》。程梦星一族四代进士，其父程文正，字笏山，工诗词，善书法，康熙三十年（1691）进士，曾任工部都水司主事，著有诗文稿《水部遗诗》。其侄程晋芳，侄孙程沆皆进士。

五子登科古樟全景

程晋芳（1718—1784），初名廷璜，字鱼门，号蕺园。乾隆三十六年（1771）进士，官吏部文选司主事，迁员外郎，参与编纂《四库全书》，改任翰林院编修。程晋芳愔愔好学，博览群书，为乾隆年间东南著名学者。曾从刘大櫆学古文，随叔程廷祚学经文，与商盘、袁枚、吴敬梓相互诗文唱和，晚年与朱筠、戴震究心训诂。著述甚丰，有《蕺园诗》《勉和斋文》等 10 余部近 200 卷。

岑山渡程氏侨居淮扬的著名文士程庭，字且硕，号若庵，诗有温、李风调，著有《若庵集》中《春帆纪程》一种，极具徽州文献价值，所载徽商鼎盛时期的徽州村落景观作概括性描述：“乡村如星列棋布，凡五里十里，遥望粉墙矗矗，鸳瓦鳞鳞，棹楔峥嵘，鸱吻耸拔，宛如城郭，殊足观也。”表明作者首次回原籍感到徽州果然风姿绰约。

特别引人注目的是，在岑山渡村边滨渐江处，有清代杰出理财家王茂荫之墓地。王茂荫是马克思《资本论》写到的680位人物中唯一的中国人。马克思在写作《资本论》的过程中，曾经阅读了1600多种图书和各种文字资料。那时，远在东方清朝咸丰年间（1851—1854）发生的一场“币制改革”的争论，引起马克思的重视，在1867年出版的《资本论》卷一第一篇第三章“货币或商品流通”中，讲到铸币、价值符号、直接从金属流通中产生出来的强制流通的国家纸币时，写了一个标号83的注释。在这个注释中，马克思记述了王茂荫提出“兑现”主张而受指责的事：清朝户部右侍郎王茂荫向天子上了一个奏折，主张暗将官票宝钞改为可兑现的钞票。在1854年4月的大臣审议报告中，他受到严厉申斥。他是否因此受到笞刑，不得而知。审议报告最后说“臣等详阅所奏……所论专利商而不便于国”（《帝俄驻北京公使馆关于中国的著述》）。马克思在另一部著述《1857—1858年经济学手稿》所论述的观点，表明了对王茂荫货币观点的赞同态度。清朝对王茂荫“专利商而不便于国”的指责是冤枉了他的。

王茂荫（1798—1865），字椿年，号子怀，歙县杞樟里人，后移居雄村对河下游只3里的义成村。道光十二年（1832）进士，历任户部主事、陕西道监察御史、户部右侍郎兼管钱法堂事务、兵部左侍郎、都察院副都御史、工部右侍郎、吏部右侍郎。在京历任道、同、咸三朝，居官30年，一直独居宣武门外歙县会馆。

王茂荫出身于一个徽州茶商之家，青少年时期曾与雄村曹文埴家茹涵堂后裔曹子渝同为塾友，常游于非园做客，后在京任官多年为继母奔丧归故里，见原故居已为咸丰年间兵火所焚，非园也遭同样际遇，惋惜之余替曹子渝亡妻江福宝《采渝女史诗钞》作序，并力劝将诗集付梓刊出，以使“君先人之非园景亦与俱存也”。

王茂荫迁往义成定居的故里所在至今仍完好地保存着，这是他购得的一座处于村中心的旧民宅，主屋三楹，厅名敦仁堂的匾额为晚清军政重臣李鸿章手书。补建于右侧的住房三间楼屋，大门置于左廊，中厅后有背靠背的倒厅，前后都有天井院。其隔扇、门窗改装按京派风格：花格较大，嵌以有色玻璃。中厅楼板下贴万字纹竹编花席。同治四年（1865）六月，王茂荫病逝于义成这座天官第。王茂荫性恬淡，寡嗜欲，自奉俭约；平生研究经史，期为实用；为官勤政廉明，“于国计民生政事得失，知无不言，言无不尽”，以直言敢谏名于朝野。自我评价说：“我之奏疏，词虽不文，然颇费苦心，于时事利弊有切中要害处。”“我之人品，自问止算中等人，存心不敢做坏事，立意要做好事。”“我以书籍传子孙，胜过良田百亩；我以德名留后人，胜过黄金万镒。”

与岑山渡村比邻的航埠头村，同属雄村乡航埠行政村。航埠头在近世出了一户“曹百万”而有名，指的是该村的曹霆声和曹九如俩堂兄弟家。曹霆声（1901—1971），名光发，为祖传商业总监，经营造纸、丝绸、典当、百货、南货（商号分布在上海、天津、沈阳、汉口、西安、山西、杭州、宣城、屯溪等地）以及后来经营茶叶、木材等行业，累资百万两银之巨，人称“曹百万”。民国时期，参与修建歙县至篁墩公路，赞助修建芜湖至屯溪公路和歙县至昱岭关公路，并组建鸿飞汽车运输公司及歙县竞业电力公司。1937年被选取为国大代表，曾任歙县商会会长。抗战期间救济难民，出钱出力颇多。善诗及书法，所写楹联、条幅尚有流存于世者。曹九如及曹霆声之子曹小霆曾为歙县旅沪同乡会理事。附曹霆声诗数首于后，以证汪孝文谓“曹靖陶先生是诗坛高手，曹霆声诸公也都有佳作”。

《夜坐》云：

寒灯独坐听秋虫，忆远书凭鲤与鸿。
昔别红颜怜稚子，今归皓首叹衰翁。
心无愧怍乾坤内，身在艰难岁月中。
万事随缘观变灭，星河耿耿夜横空。

《村西》云：

爽气西来坐翠微，蜻蜓点水蝴蝶飞。
亭皋木落秋云薄，垄亩禾登野雀肥。
闲望郊天鹰隼健，索居江渚雁鸿归。
书空习静无聊赖，犹恋岑山旧钓矶。

《惜远》云：

花落东流水，汤汤去不归。
西山日又薄，回首白去飞。
岑巘薇初老，新安鳜正肥。
子规啼应到，游子泪沾衣。

《三月下旬，鹃啼午夜，有怀良友，藉当缄札》云：

不如归去不如归，各自天涯两地违。
冀北风和群燕至，江南草长乱莺飞。
山称问政笋初嫩，家傍新安鳜正肥。
云海汤池君记否？何当倦翮遂初衣。

《鸿雁南翔，秋菊渐盛，缅怀良友，远隔关山，因寄北京过旭初昆仲》云：

自惭人海藏无地，谁念衰颓赖有君。
投老乡关依渐水，思公霄汉望燕云。
晨风柳岸秋蝉嘒，夜月庭除朔雁闻。
独采东篱元亮菊，廿年睽隔惜离群。

《初夏山行》云：

秧田新绿间鸣蛙，阡陌纵横一径斜。
独过荆榛循荦确，偶逢父老话桑麻。
澄怀古井无波水，默契空山不语花。
忧患平生尝烂熟，晚年学种青门瓜。

《霖雨既霁，寻芳来迟，索居寡欢，兼有绿叶成阴之惜，因赋》云：

春光强半雨声中，润物潜成造化功。
社燕已来棠棣归，帝魂无语杜鹃红。
花飞委地嗟桃李，云散长天归雁鸿。
有客式微歌未得，离家却似九秋蓬。

第四节　柘林村的汪直是海上冤魂吗

岑山小南海沿渐江上游方向，仅有一水之隔的渡口，就是从航埠头直达对岸的柘林村必经之处。柘林是一座滨江的小渔村，弃船登岸，绕过几道弯，即见菜畦成片，蔬果琳琅，在这山峦远隐、碧水迢迢、绿树掩映、烟霞微蒙的景色中，粉墙黛瓦，巷陌纵横，住房村舍，修竹丛丛，犬吠鸡鸣，焕发出一股浓浓的乡村气息。柘林，早时以盛产花红（学名林檎）这种水果而出名。歙县民谣："六月花红赶紧摘，杨梅桃李要登场。"说的就是柘林花红与邻村富岱杨梅一前一后上市登场，各备异种味道。花红是个头小于一般苹果而色味接近于苹果的一种水果，成熟季节早于苹果，在桃李之后，却在梨枣之前，"树繁碧玉叶，棵叠玛瑙丸"。鲜食花红，能解渴生津，润喉利肺。

在柘林的历史上，曾在明代嘉靖年间出了一位颇有争议却著名中外的海上徽商，就是人称"徽王"的汪直。他又名王直，汪五峰，号五峰船主。生长在新安江上游渐江边的汪直，自幼练就一身水上功夫：游泳、踩水，伏于水潭深处几小时，照样吸气呼水，如鱼潜底，一翻身如蛟龙出海。正是沿着唐代诗人权德舆所云“深潭与浅潭，万转出新安”的新安江路，像那些“前世不修，生在徽州；十三四岁，往外一丢”的徽商学徒一样，踏着江上歌声，浪迹江湖河海，直至天涯无尽处。汪直与徐惟学一帮小兄弟，从柘林村出发，一路轻舟直下钱塘，到达人间天堂的苏杭。祖祖辈辈的徽商人，一把油布伞，一袋苞芦馃，一坛咸腌菜，一筒干豆豉，出外经商卖苦力，自己闯天下。他和徐惟学先是业盐，在淮扬一带学做生意，后以惧于“国中法律森严，动辄触禁”而转向海上走私贸易。嘉靖十九年（1540），与一伙人到广东制造双桅巨舰，收带硝磺、丝绵等违禁之物，运往泰国和南洋诸国，往来互市。嘉靖二十一年（1542）首航日本，在平户建立贸易基地。汪直早先出海得到邑人许栋的帮助，于嘉靖二十三年（1544）加入许栋为首的海商集团，担任“管库”，后升为“管哨”，兼理军事，成为许氏海商集团的主要头目之一。

嘉靖二十七年（1548），许栋被浙江巡抚朱纨击败，汪直率余部占据舟山的烈港，重整旗鼓。嘉靖三十年（1551），汪直打败、吞并陈思盼海商集团后，遂成为势力最大的海商集团，拥有兵众20余万人及载重120吨以上巨舰百余艘。次年，汪直应定海卫总指挥所请，打败围攻舟山城的倭寇，后在舟山定海关主持开市贸易，自称“靖海王”，并向政府提出开放海禁的要求，以期做一个合法的商人。明朝廷反而派参将俞大猷率水兵数千围剿，汪直突围去日本，在萨摩洲之淞浦津建立贸易基地，凡“三十六岛之夷，皆其指使”。同年汪直带领巨舰百余艘“蔽海而来，浙东西、江南北，滨海数千里，同时告警”，时称“壬子之变”。汪直航行于中日海上的巨舰“方一百二十步，可容两千人，栅木为城，设楼橹四门，其上可驰马往来”，百余艘就是20余万之众，可见其集团势力之大。自此，“比年如是，官军莫敢撄其锋”，“纵横往来，如入无人之境”。嘉靖三十二年（1553），汪直又到舟山定海主持开市，再遭俞大猷偷袭，汪直孤舰突围而去日本，被众拥为“徽王”。嘉靖三十三年（1554）四月，汪直东归柘林，“连络三百里，如老鹳嘴七八里之间，皆其部落之所屯聚也”。八月，攻下嘉定县，接着在师家滨大破参将许国、李逢时。汪直再次要求开海禁，通商互市。浙江总督胡宗宪（徽州绩溪人）先将汪直的母亲和妻儿作为人质，于嘉靖三十四年（1555）派特使往日本招降汪直。嘉靖三十六年（1557）汪直率义子汪滶等数千人回到舟山的岑港，再次向朝廷上疏要求通商，通过胡宗宪转交，汪直自己在岑港候等回讯。而胡宗宪以物诱与军事恫吓双管齐下。时海上贸易三霸主之一的另一个徐海（徐惟学之侄儿）海商集团已覆灭而失去倚靠，岑港四周皆被包围，汪直还不知道朝廷已下达了诛杀他的密旨。汪直却听了“经交涉获准”通商要求的话，在“昔汉高谢羽鸿门，当王者不死，纵胡公诱我，其奈我何”的复杂心情下，入胡宗宪总督府。胡宗宪待汪直既有同乡之谊，又有收归已用之心，但朝廷中禁海派与开禁派争斗激烈，使胡宗宪处于两难境地。嘉靖三十七年（1558）正月十五日，汪直被捕入按察司监狱。在狱中，汪直“衣食卧具拟于职官，凡玩好之物，歌咏之什，罔不置之左右，以娱其心，少有不怿医进汤药以调护焉”。自汪直被执入胡宗宪府后，其义子汪滶（原名毛海峰，浙江鄞县人）率众踞岑港，“绝塞诸道，止通一径，险隘难行”。后来胡宗宪改变策略，围而不攻，绝岑港后援与供给，终使汪滶诸众“毁巢掠舟，移辎而遁”，汪直海商集团势力大衰。由于朝中严禁与开禁两派的斗争，汪直系狱近两年，直到嘉靖三十八年（1559）十二月二十五日“诏斩王直于肖城官港口”。汪直被小轿子抬到杭州官港口法场，刑前，汪直要求与亲生儿子见面。汪直把束发的金簪交给儿子，相拥而泣，不胜怨恨而伸颈受刃，至死不求饶。汪直被斩杀后，其被骗入胡宗宪府作人质的妻子和亲生儿子被“没入成国公家，至今子孙尚在不绝”。

汪直的坟墓在柘林的村里，近年有日本游客到雄村乡柘林寻找汪直遗迹，凭吊他的墓地。这恐怕也只因汪直作为中国民间第一代海上贸易的商业集团领头人物，对日本进行贸易往来留下的印象，值得考察研究的缘故。仅是昔年封建王朝闭关自锁，腐败无能，缺乏政治与经济发展的眼光，加上朝廷言而无信，使得汪直囿于孝母护家的传统观念，相信同乡之谊徽州人的诺言而死，并被侮为海盗、与倭寇为伍等种种骂名。这能说是历史上的一桩冤案不？

柘林村在清末至民国年间，还出了一位著名诗人徐丹甫（1860—1947），名受麇，晚年更名识耜，清庠生，工诗，擅书法。少年14岁时承父命以“融雪”为题作诗，诗中有“依旧青山未白头”句，深得嘉许。如许承尧所咏吟云：“丹甫昔趋庭，承命赋融雪（苏诗：东风融雪汁）。依旧好青山，妙语博怡悦。君今年七十，皎皎执高节。与山同其坚，于雪况其洁……”青年曾在广东任盐务小官，因不耐官场陋习，弃官归里；中年漫游沿江一带、苏杭等地，以课徒、卖字为生。50岁后携家眷居上海。为人光明磊落，学生中有附汪伪政权者辄与之绝交，郑孝胥欲荐他做溥仪的诗书老师，亦遭拒绝。书法秀丽，喜集魏碑字作诗赋，古雅有味。如《问政笋》（集郑文公下碑）诗云：

直节当岩见，长鞭避石行。
门前时拔地，林下昔留情。
佐洒延诗客，居山有政声。
勃然千颖发，和鼎味能清。

另有《凫滩碎月》一首云：

盼来月色满沙汀，诗客行舟特地停。
底事物凫滩上望，一轮摇得碎星星。

皆可见其观察景物之具体而微，神情文采纷异，触绪更多岐乘。徐丹甫老年曾补种红豆树于雄村非园故址，许承尧和诗云：

> 丞相池亭迹久荒，清溪一曲对门间。
> 去年移补非园树，闻说山翁自荷锄。

徐丹甫晚年参与修纂民国《歙县志》，该志系许承尧任总纂。

徐丹甫的长孙徐仁初（1917—），曾用名徐步云，1941 年毕业于东吴大学化学系，长期从事高分子化工科研生产工作，教授、高级工程师。自幼研究甲骨文，工诗词，退休后更致力诗词书画。曾与汪聪合作点注许承尧《疑庵诗》14 卷，为安徽古籍丛书，由黄山书社出版；诗词作品入选《二十世纪名家诗词钞》《上海近百年诗词选》等；编著有《东海余薰录》《海云楼诗稿》等。并与其妻许家华合著出版《油漆制造概说》《涂料工艺》等 5 种专著。许家华，歙县唐模人，许承尧之三女，幼承父训，能诗，擅写汉隶擘窠大字，为黄山管理处、太白楼碑林等处收藏；其山水小品画作有新安派文人气息。她长年从事化工研究与技术工作，历任上海化工局技术员、工程师，首创氨基树脂生产新工艺，达国际先进水平，并开发“三元醇缩水甘油醚环氧树脂”，填补国内空白。

徐仁初七律诗《敬题〈允中公墓图〉寄孝文兄南京》如下：

> 桃潭上溯小南海，二老当年文酒欢。
> 令祖丰神秋月朗，丹翁诗品野云闲。
> 深交三世音容宛，远隔家山冢树寒。
> 君得此图慰客旅，永传荫泽教儿男。

第五节　曹文埴父子和西递的文化教育情谊

曹文埴《石鼓砚斋诗钞》中有一首《咏西递》，描绘的村落是黟县西递明经胡氏宗族聚居的地方。西递村于 2000 年被联合国教科文组织列入世界文化遗产名录。这是因为西递古时村中有宅院六百座、大街两条、小巷九十九条、三千烟灶、九千丁，十分繁华。曹文埴在该诗中咏赞道：

青山云水深，白屋烟中出。
双涧左右环，群木落下密。
曲径如弯弓，连墙若比栉。
自入桃源来，墟落此第一。

西递四周青山环抱，溪水环流，依山就势，与山水自然和谐，其由古民居形成的街市规模建筑群，布局考究，结构精巧，装饰华美，营造雅致，堪称明清民居建筑艺术的宝库。这是曹文埴在乾隆年间途经西递时所未料及的。

其实，西递明经胡氏直到清初才多出外经商，他们往往后来居上，尤其在乾、嘉、道三朝，胡氏的商业资本急剧膨胀。最著名的是号称江南六大富豪之一的胡学梓，号贯三，相传曾在长江中下游一带的各大商埠中经营着“三十六典、七条半街”，即开36家当铺和数个钱庄，资产折合银600万两。在休宁县占有大量地产，他所经营的兴隆庄店铺和佃户住房占了隆阜半条街。胡学梓成了腰缠万贯的大贾后，像徽州其他富商一样，乐于施舍、多行义举。乾隆年间，胡学梓出资兴建“万印轩”，作为族人读书习文、修身养性和子弟肄业场所。传说，这个万印轩是由时任户部尚书曹文埴途经西递时应邀题写匾额的。该轩厅堂高敞，楼阁玲珑，周边空地建成花园苗圃，景色宜人，环境幽雅。胡学梓的做官儿子胡元熙幼年就在万印轩刻苦攻读，业儒入仕的。胡之熙道光元年（1821）举人，历任浙江衢州、杭州知府，为官清廉，乐善好施。与程祖治等倡议，集银10万两，重修被洪水冲毁的歙城河西太平桥，历时8年而成。胡元熙于道光年间娶当朝宰相曹振镛的女儿为妻。胡学梓为迎接这位亲家，在西递村口刺史牌坊往前走几步处，修建了一座长廊庭院，叫凌云阁。阁体气势恢宏，楼又长又宽敞，楼分两层，砖木结构，飞檐翘角。下层正屋，粉墙围护，设有漏窗，楼上有宽 4 米、长 22 米的眺廊，木柱支撑，颇有气势。四周设回廊栏杆靠椅，衬以精美木雕；楼正中悬“清风明月”匾额。相传当年曹振镛一行来到西递，便应邀登上凌云阁，凭栏远眺，远山近水，霭峰插云，清风徐来，檐铃叮当，使宰相及其他人非常惬意，曹振镛说这楼简直连马都可以在上面跑了。从此也就被后人称“跑马楼”了。

曹振镛不远千里返回徽州老家，为女儿出嫁而到黟县西递走亲家，备受迎接的盛况多有传说，其对西递的山清水秀赞不绝口，对树木茂密和云深雾重，曲径通幽，屋舍鳞次栉比，园畴广布，街巷齐整，人流熙攘，更是大加称颂，可谓亲身实地领略父亲曹文埴《咏西递》的风味。此间不仅风景秀丽，而且文化厚重，堪称桃花源里人家的黟县村落中首屈一指的佼佼者。

曹振镛《咏梧门司成诗庵即用苏斋题西涯图韵》四首，其一云：

新题额又小西涯，稳住诗人松树街。
好客随时锄径草，访君特地款柴扉。
遍悬古像追形影，细话幽情见肺怀。
我亦摩挲成米癖，爱夸石鼓砚名斋。

末句对乃父的石鼓砚斋，爱慕敬重，夸赞有加。因为曹振镛少怀大志，在同胞姐妹面前夸下海口，自称他日“定入世为官，必胜我父”。这一宏愿后来果然完成，其官至大学士、军机大臣，世称相国，跨灶超过乃父多矣。然而在诗作方面，曹振镛“不以诗名，向见其手写诗稿，除试帖少作，馀皆古近体诗，经其师翁覃溪先生点定者”。翁方纲，字正三，号覃溪，晚号苏斋，持诗律最严，于文正（曹振镛谥文正）诗评骘尤刻，密行细楷，缀语最多。所谓“文正诗篇盥读亲，苏斋评点墨如新”（陈宝琛诗句）者也。许承尧太史按：“余前在（京）都时，曹氏子孙曾以曹文敏（曹文埴之谥）诗册属题。文敏诗婉丽近晚唐，优于其子。文正诗固不工，而苏斋之论诗，亦非能通方者。”（许承尧：《歙事闲谭》卷十三）可见曹文埴的诗并未被其子曹振镛超过。许承尧《题曹文敏手书诗稿》云：

吾乡昔宦达，首数雄村曹。
其时际承平，奉职无忧劳。
两世赞枢密，恪慎名俱高。
司农好风致，苦忆清江舠。
投老喜自放，云水供游遨。
小诗入晚唐，婉妙捐疏豪。
兹卷尤可宝，柔翰手自操。
泠泠大雅音，余音留松涛。
世否山泽枯，感此心忉忉。

第六章　雄村传统教育文化在近世的弘扬光大

雄村曹氏的明清盛况空前，赫赫扬扬五百年，四世一品牌坊耸立云端，一祖两祠三华表，风物人文兴隆替；只是到了近世，茹古涵今宰相府，美轮美奂成瓦砾；竹山书院惜尘封，东壁图书半剥空；上社石狮秋风啸，八角亭檐铁马声；宝鼎烟消桑海变，清旷轩剩桂花馨。难道《曹全碑》“枝分叶布，所在为雄”，雄在何方；祖训“赤虹贯日，谁匹其馨”，馨落谁家，这一切都成了明日黄花？

走进雄村，那一幢幢高大、乌黑的老房子林立村中。从外看去，马头墙直插云天，高垣深巷，幽深难测似的。但走近入内，只见屋顶塌落，梁柱多遭白蚁蛀空，残败狼藉，令人叹惜。现存的明代居宅较有名的共四幢：

一是学宪第。其是明代江西右参政曹楼的故居。屋分两进，前后二层楼，头门建有“恩荣”字匾的门楼，门前有石鼓对立，气势宏伟。但开门入内，已是楼塌梁倾，呈解剖状，内构外露，楼板朝天，瓦落满地，杂草丛生。

二是都宪第。其是明代副都御史曹祥的故居，即今曹益丞宅。遗牙笏一，为祥当日奏事用者。

三是曹庆祥宅。在塝上，俗称“栅栏”。

四是曹吉甫宅。为三家合宅，屋两进。

明末清初的有曹大伟宅、曹介丞宅；清代的除前述汪已文宅的曹塈“光禄第”外，也在“大路上”与光禄第相对的还有曹

学宪第门楼

城“柱史第”，屋分三进。另外曹颂衡宅、洪福元宅也属多进头的清代民宅，保存至今尚属基本完整，还有老人在内居住。

雄村的近世名流亦不乏其人，较著名的有：曹辅钦，曹逸园（汪允中之外祖）及其孙曹醒楼，曹文波及其子曹恂，曹锡朋及其兄曹见薇，曹益丞（书画金石鉴赏家，23岁毕业于复旦大学，自作诗句有“二三成学生，四九作农夫”，后受聘省文史馆馆员）和曹铭传律师及其子曹非、曹亦非等，在此不一一介绍了。曹氏后裔，继承先祖传统，着重攻读，热心教育，村中许多人家有在各类各级学校任职的教师。有人说，如果召集雄村人返乡里办学，是可兴办一所规模相当的综合性学府，大中小学幼儿园一条龙配套都行。至于行贾经商办企业的雄村人，也同样讲文化，追求徽商儒贾相济的风格，这就是诚信第一的质量品位和文化层次，以文闯市场，以文走世界。

后面仅以两例稍述雄村近世人家的情况，但在此前尚需回忆一段抗战时期雄村的往事。

第一节　中美合作所来雄村开办训练班

雄村曹氏的历史盛概，蜚声海内外。雄村的文化古迹已引起各方面的关注。除现尚保存完整的文昌阁、竹山书院前座、崇报祠和两所祠堂前的三座石牌坊外，还有宰相府、都宪祠、大参祠、学宪第、柱史第、光禄第等遗址，这些古建筑群如能修复起来，列为文物保护单位，开发为旅游景点，相信一定会引来众多的游人。

村舍牌坊

渐江绕村蜿蜒而过，两岸树影婆娑，江面波光粼粼，水上樯动帆扬，文昌阁檐铃响，桃花流水醉人，匡时思念乡甜。雄村风景异常秀丽，历史文化底蕴深厚，兴许正是这些特有的灵气，使得省立徽师和中美合作所都看中了这块风水宝地，先后来雄村办班。抗日战争爆发的翌年春，省立徽师为避敌机轰炸，商得雄村人同意，由府城迁此“崇报祠”内，共设6个班，学生200余人，但后因新安江发特大洪水，祠南面围墙冲毁，而把学校迁往歙北江村。

抗战后期，即1943年到1945年间，“中美特种技术合作所”前来雄村开办训练班，军统头目戴笠和美国海军准将梅乐斯亲至考察，据说乘坐的小型飞机就停在江边的河滩上。该训练班在雄村办了8期，参训学员约6000人。据村民回忆说，雄村是中美合作所第一训练班，温州是第八训练班。雄村训练班从1943年3月到1945年10月结束，共开办8期，3个月为1期，每期共有5个队（1个军官队，4个士兵队），每个队分为3个区队，每个区队又分为3个班，每班十六七个人。其受训的学员大多来自“忠义救国军”，教官有贝乐利等十几个美国人，班主任由戴笠兼，副主任为梅乐斯，下面有教育长、主任秘书、教务组长、政训组长、总务组长等职，设有电台、翻译室、医务所、会计室、副官股、通信班、特务（警卫）连等组织。每期所里学员加上教员、做事的都有近千人。训练内容有：情报学、密码学、爆破技术、擒拿、特工以及新式武器卡宾枪射击术等。合作所本部设在崇报祠，美国教官住在竹山书院桂花厅；学员分居于雄村南厅、社祠及山斗村一些花舍内；电台、气象站是新建的房屋，秘书室、医务所、总务组会计股、副官股等设在老百姓家，另有美军专用医疗所设有河边桃花坝上新建的一排平房内。还在村里建了一些简易平房作为训练用房。拘留禁闭室设在李王庙内。特务连驻“赐福堂”，负责警卫，并在“双桥亭”“岑山渡”“山海阳”设有长期岗哨，任何人（包括学员）不得随意进出雄村。

最后一期结束时，由班里选拔500人带往上海，与上海一部分人编为“交警第十八总队”。每期结束，学员可得一支美制卡宾枪或汤姆生枪，带回原部队。

训练班在雄村时，拆毁了不少具有历史价值的建筑物，改做营房和军事设施。一些石坊、古墓都遭枪击炮轰，对河“慈光

中美合作所训练房

庵”有时成了他们设置电台的地方。在雄村芋头田的“李王庙”内，经常关押进步爱国人士达百人之多。正因为有这样一段历史背景，当时新安江的沙滩和桃花坝都成了他们的操练场和射击地，竹山书院也是他们教务活动和居住的地方。当年雄村有一些人在新中国成立前去了台湾、香港、澳门地区或马来西亚。半个多世纪的悠悠岁月，民族的血液一脉相承之情，两岸之间的山山水水隔不断乡亲的思念，许多祖籍雄村的港台同胞回家乡探亲，出资支援雄村故里的建设。

第二节　水南一叟曹辅钦家庭教育成果颇丰

近世雄村曹氏族中老人曹辅钦（1874—1960），为曹尚峻的字，晚号桃花坝上人。为宣统己酉科拔贡，授按察史经历，任职司法界多年。于诗文甚有造诣，诗宗元白，文学欧苏，书法颜柳，亦精音律。许承尧太史极称之，“水南三叟”即柘林徐丹甫、夏坑徐笃庵（曾任省立三中校长徐承祐的字）、雄村曹辅钦三人为歙县水南乡的三位老叟。“三叟一事胜，各有贤子孙”。曹辅钦有六子七女，长子曹元宇字行素，一字红雨，号黄山老民，曾留学日本，历任省立二中校长，中大、浙大、南京医学院等校教授，以中国科技史专家名闻中外，最早开创中国化学史之研究与教学，并擅长书画诗赋，著作等身。次子曹澄宇，字涤凡，上海体专毕业，曾任省立二中教师。三子曹熙宇，字靖陶，号惆生，别号看云楼主，肄业于暨南大学，曾任《时事新报》编辑。善旧体诗之创作，早岁即蜚声吟坛。精音律，常作剧评载于报刊。书法亦甚佳，林散之极推许之。四子曹辉宇，苏州中学毕业，从商，早卒。五子曹翔宇，字任飞，曾由长兄招赴日本就读于早稻田大学，回国后任省立中学、上海梵王渡中学教师。六子曹揄宇，上海大厦大学商学院会计系毕业，历任无锡天同纱厂、开封纱厂会计。

夏公塘

曹辅钦的孙辈甚多，一家之中有大学、大专毕业、肄业者 21 人，其中留日 2 人、留美 2 人，均能学有所长，对国家做贡献。其他孙辈因参军、参干未读大学的还有多人，至今他家大门上还挂有“光荣牌”多块。

新中国成立后，政府以曹辅钦德高望重，博闻强识，聘其为安徽省文史馆员。他1960年5月逝世。

曹辅钦及其子曹元宇、曹靖陶三人的诗，除《看云楼诗集》成著出版外，前两者的诗都未成集，尤以老人随作随失，所遗只光片羽，“文革”为家人妇孺毁去了。曹辅钦“偶吟元白句，字字能清真”。如以下三首诗，都是有关雄村另一户文人名士汪允中、汪已文、汪孝文祖孙三代的唱和之作。

其一，《允老得一尘居士所赠万年红，喜而成诗，步韵奉和》云：

雪融将近二经旬，渭叟堂前酒醉春。
公试红朱侬试墨，题诗恰好日逢人。

其二，《寿已文阮台五十即用其自题馈米图四绝中之前二绝原韵》云：

五斗区区腰不折，一提此事一低徊。
陶公归去宁无米，汪子辞官米自来。

区政三年清似水，民心百里望如云。
改登议席功全邑，富贵当头更俭勤。

其三，《寿已文》云：

六十花甲子，无花我自春。
老来书在手，不让少年人。
夏公塘下宅，伯氏守篱东。
更有吹篪仲，钱江一水通。
黄浦佳儿李，金陵小妹苏。
荆花含笑语，藏酒待诸姑。
随园迟得子，南阮早添孙。

宁赣滇屯沪，群英萃一门。
大儿玄宇子，记得是同年。
近在钟山下，偷闲比教鞭。
八十四年过，山居久寂音。
得君花甲句，老兴又狂吟。

诗人在其中言及自己长子曹玄（元）宇与汪已文是同年，近在南京高校任教，并精诗赋书画，而德行高风尤为后学楷模。有四子和一女：淮、平、凯、愈和京，均医科大学毕业，子凯女京二人曾留学美国。五人分别在南京、杭州任主任医师。曹元宇诗《题梅竹图》是上述《题雄村图》前十年所作：

旧家练溪西，种梅复种竹。
门前白雪香，窗外清风足。
搜来旧院影，装点溪边屋。
一别七十年，好景记犹熟。
中夜写数枝，聊以慰心曲。

另有《题画诗一束》（六首）：

云来山欲飞，云去山卓荦。
一日几阴晴，青山原不觉。

林间鸟语如诗妙，复有清泉幽窦鸣。
毕竟和谐只天籁，断无半点不平声。

梦回泰岱卸轻装，四壁虫声月在床。
濡笔写成天下小，居然错晓割阴阳。

江水来自青海青，穿山走峡过金陵。
自然到海还腾起，还滴东坡喜雨亭。

杜鹃啼处杜鹃开，烘日蒸云锦作堆。
宛似赤城霞正起，又疑山火燎原来。

潇湘烟月足清闲，峻岭崇山也是关。
美尔虚心复气逸，饱经风雨总平安。

曹元宇在1988年病逝于南京，享年九十有一。遗嘱归葬歙县西干披云峰。一位“书画名流、杏林耆宿，虽盈车著述，却毕生淡泊，只以一衿教授终身，德持精纯，高风卓荦”。这是其夫人俞自萍挽联的点睛之评。

再是曹靖陶毕生致力于旧体诗之创作，许承尧、齐白石皆许为弟子，海内诸大家名流均乐与之游，与康有为、梁启超、章太炎、章士钊、林琴南、王季范、林散之诸人为师友，常有诗简往还。陈三立评其诗曰：“冲淡之格，俊逸之气，自殊凡响，尤以五言为胜。”陈宝琛谓其诗在“程春海、郑子尹之间”。康有为尝为题《看云楼觅句图》云：“君才绝似程春海（程春海，名程恩泽，歙县绍濂人），家近黄山亦肖之。楼外奇云争供眼，故应俊语薄时为。”

曹靖陶《雄村杂咏十四首》：

俺家生长在雄村，绿水青山对大门。
真个春天分外好，桃花艳似赤云屯。

莫惜奇松已不存，连环亭外草如茵。
顽童满意翻筋斗，跌倒无忧损骨筋。

细沙满岸灿如金，江水清澄浅复深。
最爱顽童飞石片，圆圈断续晕江心。

老桂盘庭气郁苍，玲珑石笋枕回廊。
低垣远眺无遮眼，历历桅樯来往忙。

黄岳归来袁子才，雄村游览硕崖陪。
长诗纪胜殊清旷，不似震亭典砌堆。

归愚曾到桂花厅，壁镌佳文记所经。
一树一花辛苦种，后人俯仰味堪寻。

满街擂鼓更敲锣，一片呼声海海河。
五面大旗粗竹杆，壮夫举起竞奔波。

沿着茅山搭戏台，开场锣鼓闹如雷。
宛城遇绣何曾禁，笑睹曹瞒倒灶来。

钟馗好跳忆当年，醉态醺醺最自然。
四十相陪摇蝙蝠，一时鼓掌响冲天。

雪浪声暄上埠溪，鸡公鸡母立东西。
慈光庵里从容看，眼福输他顺焘师。

社屋堂前看舞龙，携男带女急匆匆。
邻家老妪跄踉甚，手缩怀中提火熥。

雄村鼓手四乡传，隆八文康擅管弦。
老父当年真好兴，草台擂鼓芋头田。

外婆八十口常咕，堂上居然尚有姑。
回到雄村陪后母，依然做女似当初。

香雪梅花早不存，祠堂木主尽成薪。
老夫久矣无多梦，苦念天津路上人。

另有七律二首：

为曹怀仁书四屏条

雨霁溪肥山抹烟，羞阳斗雾入梅天。
虫餐豆叶参差破，碟恋榴花高下穿。
玉米着苞青到杪，南瓜绕架绿成拳。
归来恣领田园乐，悔饮红尘误昔年。

抗日军兴秋中归里作

绿水环村屋当船，归来恰值已凉天。
菊犹陶令寒尤傲，枫似徐娘老更妍。
日射枝头鱼衣紫，云蒸山腹树装棉。
人言我是闲中客，火鼠冰蚕不计年。

还作五律一首，《孝文以〈新安八俊图〉索予题诗，率赋此以应》：

画派新安好，人才出不穷。
一图罗八俊，六邑压群雄。
风格因时变，精神与古通。
椒浆应有祭，喜事告宾翁。

其他文章未结集者盈箧，手稿均为其长子曹度收存。曹度，名谷清，英士大学①新闻系毕业，曾先后任《人民海军》报记者、《安徽文学》编辑部主任、《清明》杂志常务编委。其本人诗文发表甚多，与乡耆名家和唱者更多。出版有散文特写集《马祖海峡的风浪》。善旧体诗，兼及书画。今散录五首诗如下：

---

① 英士大学：民国年间著名大学，1939 年 5 月定名为浙江省立英士大学，1949 年 8 月为金华市军管会接管，并解散了英士大学，其院系并入浙江大学、复旦大学。

悼汪萍

暮年同客古庐阳，此日哀君转自伤。
君已是非皆不问，我思来日正彷徨。

望黄山立马峰冰川擦痕，顿生苍凉之戚

立马峰巅天可扪，无人到此不惊魂。
谁知刚健雄浑处，却是寒冰锉骨痕！

高岚道中

其一

云里雷车动，仰看急瀑悬。
苍崖浓滴翠，古洞淡生烟。
返照分山影，凉风起树巅。
幽禽啼不住，送我小桥边。

其二

终古伤心事，抬头一问天。
低徊吟泽畔，傲啸伫山巅。
正气凌霄汉，悲歌散雨烟。
诗魂留幻质，今我缅前贤。

饮酒新安江上

一醉方知酒国宽，管它舱外有波澜。
扁舟一叶飘然去，知在新安第几滩？

第三节　慕云诗老汪允中教育世家盛况一瞥

慕云诗老，汪姓，名定执，字允中，号旷公，慕云又其别号，因著《慕云诗存》《慕云集存》《慕云文存》若干卷而出名。

祖居歙县城内小北街，后侨居吴中，七七事变起，方举家返歙，赁屋雄村“光禄第”，原为清乾隆辛卯（1771）进士曹墅宅。曹墅官光禄寺典簿，其宅建筑宏伟，梁柱须四人才能合抱，筑有门楼，门前置石鼓对峙，门额上楷书“光禄第”红底金字匾一方，在“文革”中被毁。汪允中后购得此屋，就成为雄村人了。

老人早岁受业于邑中宿儒李嘉会，光绪庚子（1900）入庠，不久即旅居苏州，课徒为生，间也为“留园管理处”“茶商公所”司笔墨。诗、文皆有法度，曾纳交先儒俞樾（曲园），皈依高僧印光，故诗境禅理皆有造诣。许承尧以旧同研席，题其诗集之端云：“旷公久居吴门，昔曾纳交俞曲园先生，晚乃遍识海内耆硕，学有根底，故诗渊然可诵，而尤工于言情，前后两德配皆吟侣，悼亡之作，为世传诵。今旷公渐衰老，而俯仰前尘，流连文酒，兴酣奋笔，掀鬓朗吟，犹复落落有生气，余年固相若，而意兴愧不如矣。”可以说知其人而言之切也。汪老先生有诗名；其先后二夫人也都能诗，惜皆不永年。《慕云诗》主要为悼亡诗，极其哀婉动人。例如：

《归途口占示内子吴修月》时亥卯岁阑

思乡游子兴匆匆，极目归鸿客路中；
一叶扁舟侵晓发，愿神助我马当风。

古墓新祠绕柳堤，精忠墓上草萋萋；
隔邻苏小留香冢，儿女英雄属浙西。

频年作客怅离群，偶得还家意倍欣；
不觉近乡心更切，梦魂夜夜逐归云。

曲曲峯峦叠叠山，始知形势近乡关；
旁人莫笑囊羞涩，带得诗还胜锦还。

《悲秋五首悼修月》七律

诗歌偕老老难偕，徒叹黔娄遇合乖；
徐淑何堪辞浊世，元稹空赋谴悲怀。
病深未蓄三年艾，骨瘦浑如一束柴；
自愧负人炉火债，累卿几度拔金钗。

老先生体魁伟，貌慈和，修髯飘拂。耄耋之年，犹徒步往来雄村郡城之间。平生不侮贫弱，不媚权势，吟诗礼佛，怡然自得。尝撰联云：

固执保黄耇，富贵如浮云。

盖自况也。村居能恤贫苦，有通缓急者，究实正用，贷之不吝，尝笑曰："我无多蓄，拯急则可，救穷无力也矣。"

汪老有子四，长子汪邦钧，字鸿文，少年就读崇一学堂，中年即殁。为此老人向许承尧求题诗，得其诗《汪允中求题其子遗像》云：

父持子像要我题，
父陈子美甘如饴。
此意令我摧心脾，
厥名惟何曰孝慈，
吾族幸存当以之。

1955 年 3 月 9 日，汪老因病终于雄村，享年八十有六。其子邦锦（字肖云）、邦禄（字已文）、邦钟，孙光训（名孝文，又名少文，别字阿聪）、光诚、光谟为之卜葬于歙北黄村祖茔之侧。沈尹默为之题墓碣曰"诗人汪允中之墓"；吴莱滋撰墓志铭，傅抱石、汪勖予合制墓图，汪旭初、袁孝谷、杨千里、高吹万、林散之诸公皆有吟咏。林散之诗云："我与改庐曾识面，还思风雨孝文来；一门三代书香好，黄岳眷留不世才。"

改庐，为已文之别号，老人第三子；孝文则老人之长孙也，俱能传其家学。

汪已文早于1915年上海中华法律专门学校毕业，后回歙任县立小学校长，编《黄山钟》小报。曾和方与严、吴甲三联合县之教员，清查教育经费，追回土豪劣绅侵占稻谷三千余担。后调县教育局工作。未久，因母丧挈眷赴苏州。1927年在苏州创办新安小学、安徽公学，推行陶行知生活教育主张和小先生制，编印《歙声》和《皖事汇报》，任歙县旅苏同乡会会长。抗日战争爆发，举家旋里，任歙县战地服务团团长，旋任歙县第三区区长。三区尽辖县属新安江之南岸，山多地瘠，而民风淳朴，人民勤劳。徽人讨厌当兵，汪已文为移风易俗，乃与汪任民编写《抗日三字经》进行救亡宣传。离任之日，数百人送行；人咸视以往区乡长为肥缺，而他行囊如故。返里居家清贫，三区人闻之，感其旧德，时有馈米以济者，黄宾虹闻其事，作《送米图》以嘉之。当时曾作《自题送米图四绝句，图宾公赐绘》：

少小曾临乞米帖，此中深味费徘徊。
而今身退归来后，尚有人怜乞米来。

管领新安半江水，江明如镜水如云。
我心不竞坚同石，座右应铭清慎勤。

栗里当年五柳翁，未甘腰折著高风。
披图自愧输公甚，取与缘情有异同。

子久多情为写图，此身似已造天都。
莫言妙笔无人知，定与山川共菀枯。

家居未久，复任职于江苏高等法院，以父老辞归。在邑曾任歙县社会服务处主任、公有款产委员会主任、县参议员等职。

新中国成立后，赴北京参加华北人民革命大学政治研究院学习，结业后在南京教育部门工作。一生著作较多，有与王伯敏合著的《黄宾虹先生年谱》，自编的《黄宾虹书简》《课余随笔》《改庐笔记》《新安画苑录》等；还未付梓的遗著多部藏于其哲嗣汪孝文处。

汪孝文即汪聪，与柘林籍徐步云合作点注许承尧撰《疑庵诗》者；恂恂有道，能读父书，门多长者辙，卓有祖、父之风。其母吴言吾（1901—1963）系歙城吴甲三之妹，出身书香门第，熟读诗书，曾变卖戒指、衣料接济教员，独创毓秀女校，免费招生，自任校长和教员，以龚自珍“但开风气不为师”自勉。其有《示儿》诗一首云：“读书求实学，处世戒奢华。莫被聪明误，男儿重克家。”汪孝文四十年代曾在徽州中学受业于鲍幼文老师，得其师《赠汪少文》诗：

与君名字差相似，华国文章属少年。
我岂中书今老秃，蹉跎应畏后生贤。

汪孝文原为旅居上海天津路的书画收藏家、鉴赏家，家有“阿聪之室”，徽州文物之微型博物馆也。有罗长铭词《减字木兰花·题阿聪之室图》为证：

阿聪好古，夜卧沧江虹贯中。不薄今人，丹老（陆丹林）长题发兴新。

苍黄易代，三百年来传画派。破浪乘风，漫向西干觅旧踪。

汪孝文曾居南京，病休在家，仍关心家乡徽文化研究，不时有文信发表。

后记　徽州传统教育文化研究中的一品雄村

校完这册书稿的样本，时值艳阳三春天气，桃红李白柳丝绿，麦青苗长菜花黄；尤其是在明媚阳光下，一畦畦油菜花盛开，大地几乎一片金灿灿，让人眼前一亮，心情放飞，思绪大为伸张，扬起万千新气象。魂牵梦绕的家乡山水，古色古香的后院庭堂轩阁，人文景物融自然山林为一体，构成一幅具有浓郁文化气息的徽商故里一品家园的图画：清晨烟岚缥缈，山原遍绿，青松翠竹环绕，繁花碧草如茵。雄村在人们印象中就是风景秀丽的桃源仙境，百花枝头莺啼早，梦在黄花绿麦浪潮中。近日黄山市电视台报道歙县传来消息，市领导赴歙农村调研时说“风景如画，一定要加快开发渐江、新安江山水画廊。雄村真是美不胜收的宝地，一定要抓住大交通环境的有利时机，按照‘路畅、山绿、镇活、民富’的要求，综合用好小南海、竹山书院、佛文化、古村落等旅游资源”。闻此喜讯，便觉歙县水南乡的宰相故里一品雄村，即将着手开发建设成为适宜有居的生态环境和旅游的硕大园林，使得那飞檐翘角的文昌阁额匾上“贯日凌云”四个大字，在蓝天下更会发出远胜往昔的熠熠金光了。还有如果登上那座新建宏伟的徽杭高速公路雄村大桥，蓦然回首，只见雄村整个村落坐北朝南偎依在蜿蜒流淌的渐江水域怀抱里，背靠着南山翠微峰，面对着江中兀立的岑山小南海，环周丘陵起伏，山青树翠，绿茵绵延，池塘春水，波光粼粼，巷陌田舍，一直沿伸向那处于两山一水的盆地间，真叫是“滟潋春涛翠色鲜，菜花黄接艳阳天”（徐丹甫诗句）。整个古村落的地形，就像是雄村老辈人说的那样，恰似一只展翅欲飞的金凤凰，栖息在青山绿水之中。村西头有丰隆岑坐镇，村东边有渐江水濒临，村中心有芋头田李王庙，四方延伸的建筑民居房屋，鸳瓦粉墙，棹楔鸱吻的巷陌，“五岳朝天”的马头墙，“四水归堂”的天井以及房前屋后的园林庭院，花卉盆景，佳木名村，一片片，一点点，铺垫成朝阳丹凤的肢体和两翅，而那一湾汩汩泛波的江水正像是这只金凤凰的丹凤眼中传神的眸子。这凸现在人们眼前的景象，给人感到一派不凡的气势，顷刻之间，顿生一些奇思幻想：莫非这古村落乃由一只金凤凰衍化而成？是呀，仅明清两代，这万山丛中的雄村曾经飞出一群金凤凰：52位举人，连捷成29位进士。既有“一门四进士，四世四经魁”的美名，又有“同科五进士，一朝三学政”的盛誉，更有“五世一品”的“父子尚书”与“代君三月”宰相之家的显赫殊荣。越思越想就觉得从这般景象中可能揭开雄村这一历史文化昌隆的小山村，其蕴藏极其耐人寻味的奥秘，有待于人们去揭示开来探个究竟，当然这尚需一些时日和人事功力。

带着这份求索或向往，兴许能成为人们一种刻意找寻表现昔日徽州人眼里“四海山水数新安”那种书院教育文化的意境。倘若在雄村大桥上转目远望江中岑山“郑公钓台”遗迹处，缅怀历代文人逸士称颂如此佳境胜景的诗词吟咏，叹惜往时小南海佛地江天，密林中寺庙掩映，黄墙碧瓦，飞檐画栋，香火钟鼓，念经木鱼声不绝于耳，全都化作梦境云烟。如今有望复建修葺旧日胜迹，重振歙县水南乡环居村落的幽绝风光，再睹“海天佛地”门匾和那“戒律森严”的厅额旁联“非法非非法，无为无无为”等风采，不禁想起自称“岑砚钓叟”所填的词《鹧鸪天·小南海》：

胜境禅林佛地骄，岑山尽揽渐江潮。神来兀岑垂千尺，吞云吐雾日月昭。　莲蕊绽，水萧萧，涤尘脱俗沐三朝。多情应笑参香客，遇事临时抱佛脚。

另外，还有原来“星岩寺”大殿上悬匾额“大雄宝殿”四个大字，是柘林村的诗人书法家徐丹甫（水南三叟之一）所书。据说后殿中供奉的肉身菩萨，法名应山，是满族人，与徐丹甫的祖父徐荣、伯父徐同善一起由京城带兵来安徽，与太平军作战。应山在皖北全军覆没，恐清廷降罪而来至柘林避难，徐氏父子哪敢收留，只得让其到小南海削发为僧，他自遁入空门后一直信佛，临终前不食烟火，坐化缸中，密封3年后启开，浑身竟然完好只损一指，于是弟子遵其遗嘱替他装金，外加玻璃护罩供奉起来。

本书编写过程中，得到了各界老前辈和同事朋友的关心帮助和支持，谨向他们致以真诚的谢意。黄澍老师不仅提供有关“雄村曹”的诗词资料，还相应做了历史性回忆并指出其人文社会背景等难得听到的一系列人才教育方面的宝贵信息。李俊工作室李俊先生无私地提供雄村《曹氏文献资料》和曹谨《雄村杂记》以及20多幅他所摄雄村的照片。洪少锋先生两次赴雄村拍摄彩照。何峰先生与我们一道专门赴雄村考察徽派建筑及人文风情并拍照，为本书增色多多。汪吉燮老同学提供雄村乡地图和徽州览胜等资料，并向曹镇安老同学等处打探有关雄村小南海的资料。曹宪、姚珍贤伉俪为我们拍摄竹山书院景致提供方便，热忱接待并陪同访问了古村老人曹润宜老师以及知情人士曹大伟、洪福元诸先生，我们获益匪浅。方利山、翟屯建、汪修煦等徽学专家、至朋良友在查询资料共同探讨诸方面给予了支持与帮助。在此一并致谢。

也得感谢家长的支持。长子汪曦为本书打字、编排、校对、发电子邮件尽力费心。特别是我和妻子曹黎云（雄村人）协力合作完成此书，她是中文专业的科班出身，而我是物理专业的底子，所以尽心勉励完成这一本称不上的琴瑟之作，作为我俩的钻石婚纪念而已。

汪昭义

2016年于屯溪犁耘室

图书在版编目(CIP)数据

徽州教育文化研究:以雄村为例/汪昭义,曹黎云著.—合肥:合肥工业大学出版社,2017.2

ISBN 978-7-5650-3269-1

Ⅰ.①徽… Ⅱ.①汪…②曹… Ⅲ.①教育史—研究—徽州地区②文化史—研究—徽州地区 Ⅳ.①G527.542②K295.42

中国版本图书馆CIP数据核字(2017)第025036号

徽州教育文化研究

——以雄村为例

汪昭义 曹黎云 著　　责任编辑 张 慧 权 怡 章 建

出　版	合肥工业大学出版社	版　次	2017年2月第1版
地　址	合肥市屯溪路193号	印　次	2017年3月第1次印刷
邮　编	230009	开　本	710毫米×1000毫米 1/16
电　话	总 编 室:0551-62903038	印　张	7.75
	市场营销部:0551-62903198	字　数	132千字
网　址	www.hfutpress.com.cn	印　刷	合肥现代印务有限公司
E-mail	hfutpress@163.com	发　行	全国新华书店

ISBN 978-7-5650-3269-1　　定价:29.80元